智·慧·商·业

创新型人才培养系列教材

U0683848

主编

认识新商业

慕课版

人民邮电出版社

北京

图书在版编目（CIP）数据

认识新商业：慕课版 / 陆婷，宋卫主编. -- 北京：
人民邮电出版社，2021.12（2023.6重印）
智慧商业创新型人才培养系列教材
ISBN 978-7-115-57518-0

Ⅰ．①认… Ⅱ．①陆… ②宋… Ⅲ．①商业经营—教
材 Ⅳ．①F713

中国版本图书馆CIP数据核字（2021）第197888号

内 容 提 要

本书介绍了传统商业模式在新时代、新背景、新技术环境下产生变革后形成的新商业模式的相关
知识，旨在帮助读者树立初步的商业意识。全书共分为8章，分别为新商业与新商业文明、商业活动
与商业环境、经营管理与经营模式、商业本质与基本规律、商业模式与创新发展、成本管理与运营管
理、信息技术与商业应用、新商业思维与商业素养。为了让读者能更好地学习，本书通过案例引入理
论知识，利用拓展阅读、课堂讨论、综合项目实训等帮助读者理解学习内容；每个章节的最后附有丰
富的习题，让读者能够及时检查自己的学习效果，把握学习进度。

本书可以作为高等院校及职业院校经济管理类学科的公共课教材，也可以作为相关人员的商业启
蒙书。

◆ 主　　编　陆　婷　宋　卫
　　责任编辑　楼雪樵
　　责任印制　王　郁　焦志炜
◆ 人民邮电出版社出版发行　　北京市丰台区成寿寺路 11 号
　　邮编　100164　　电子邮件　315@ptpress.com.cn
　　网址　https://www.ptpress.com.cn
　　涿州市京南印刷厂印刷
◆ 开本：787×1092　1/16
　　印张：9.5　　　　　　　　　2021 年 12 月第 1 版
　　字数：196 千字　　　　　　 2023 年 6 月河北第 2 次印刷

定价：39.80 元

读者服务热线：(010)81055256　印装质量热线：(010)81055316
反盗版热线：(010)81055315
广告经营许可证：京东市监广登字 20170147 号

前 言 ‖

党的二十大报告提出：加快发展数字经济，促进数字经济和实体经济深度融合，打造具有国际竞争力的数字产业集群。优化基础设施布局、结构、功能和系统集成，构建现代化基础设施体系。随着新一代信息技术革命与产业革命的蓬勃兴起，以人工智能、物联网、云计算、大数据、5G移动通信技术为代表的新兴突破性技术带来了生活形态、产业形态、企业组织的巨大转变，新业态不断涌现，中国逐步迈入新商业时代。新商业以新技术、新智能为主要载体，以数据为依托，深度应用于消费方式、流通方式、生产方式等方面。新技术驱动新商业，新商业展现新文明，新文明孕育新职业，新职业亟需新人才，新商科的建立已成为新时代发展的需要。新商科教育强调遵循新商业规律，将新技术、智能手段应用于商科教育中，打破传统知识壁垒，让学生确立新商业价值观，熟悉新商业发展，掌握并能运用新商业规律。

本书以新商科的专业知识为主线，以培养新商科学生的通识素养为主旨，共设计了8章，涵盖了新商科涉及的贸易、管理、金融、会计、电商、物流、营销等多方面的知识。本书采用"案例引入、知识讲授、课后测验、综合训练"的编写思路，通过案例引发学生的思考，引入任务学习，同时辅以对应知识的介绍，课后通过小测试检验学生的掌握情况，文中还穿插"价值引导""扩展阅读""课堂讨论"等拓展性的资源和活动，每章的最后有综合项目实训帮助学生提升综合技能。

本书由陆婷和宋卫负责编写大纲、设计内容及全书的统稿，具体的编写分工如下：第1章由杨晋苏编写；第2章2.1节由桓瑞编写，2.2节由李琳编写；第3章由罗娟编写；第4章由陈淼编写；第5章由吴凌娇编写；第6章由张启迪编写；第7章由卞璐编写；第8章由陆婷编写。在本书的编写过程中，编者参阅了大量国内外公开发表的资料和文献，并引用了其中的部分案例、资料和观点，在此对各位作者和相关组织表示感谢。

由于编者水平有限，本书难免存在不足之处，在此，恳请广大读者批评指正。

编 者
2023年5月

目 录 ‖

教学目标

知识目标

了解商业的概念

了解商业文明的历史

了解新商业的五大特征

能力目标

能够区分传统商业与新商业的不同，并能够列举新商业的代表形态

能根据案例分析总结不同时期社会对待商业的发展态度

能依据时代特点找出制约和推动商业发展的原因

素质目标

树立新商业意识

联动新媒体手段，提升新商业嗅觉

思维导图

```
                          ┌─ 商业的定义与起源
              ┌─ 商业的发展历程 ─┤
              │           └─ 商业的形成因素      ┌─ 农耕文明时期及其商业发展模式
              │                              │
              │           ┌─ 商业文明的发展 ──┼─ 农耕时期商业特点的形成原因
              │           │  历程及特点        │
新商业与新商业文明 ─┤                         └─ 工业文明时期及其商业发展模式
              │
              │           ┌─ 新商业的产生背景
              │           │
              │           ├─ 新商业的定义
              └─ 了解新商业 ─┼─ 新商业的特征
                          │
                          ├─ 新商业的发展趋势
                          │
                          └─ 发展新商业文明的意义
```

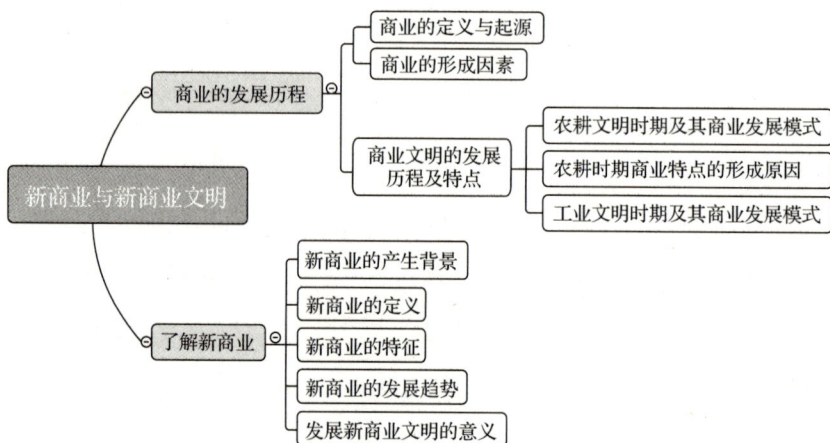

1.1 商业的发展历程

👤 导入案例

我国古代商人地位

在中国古代，商人的地位是非常低下的。从汉代开始，商人被禁止穿绫罗绸缎，国家限制商人的政治权利，堵仕途之路，不许其后代做官。此外，政府利用税收制度惩罚商人，如西汉商人的算赋加倍。同时，国家对暴利行业采取官营（史称"官山海"），直接由国家垄断经营，不许商人染指。中国历朝历代主要是实行盐铁官营，因为这类商品需求量大且无价格弹性，官商以垄断价格取代其市场价格。

除了国家的政策，在民间，人们口中的工作分为士、农、工、商四等，商人也是排在最后一位，古代俗语有"用贫求富，农不如工，工不如商，刺绣文不如倚市门"。可见，商人在世人眼中的地位是极低的，即便是有钱，在一般人眼中商人总是被歧视，甚至在谈婚论嫁方面，人们往往愿意把自己的女儿嫁给不富裕的农民，也不愿意把女儿嫁给商贾人家。现如今，商人地位已经大大改善，从事商业也不会被人们歧视，各地区、国家之间，商业的联系也日益紧密，商业已经和人们的生活息息相关。

案例思考：

为何中国古代商业的地位、商人的地位如此之低？这跟时代背景和政府的政策有较大的关系。

相关知识

一、商业的定义与起源

商业源于原始社会以物易物的交换行为，商业的本质是交换，而且是基于人们对价值认识的等价交换。

商业兴起于先商时期，初期是通过以物易物的方式进行的社会活动，后来发展成为以货币为媒介进行交换从而实现商品流通的经济活动。

商业产生的前提条件就是生产力的发展让产品有了剩余，社会也有了专业化的分工。

二、商业的形成因素

商业的形成受以下 3 个方面因素的影响。

社会因素：社会生产力的持续发展让整个社会拥有了大量可供流通的商品。

国家因素：区域性的产生，隔断和阻碍了整个社会的自由联系，让许多商品的流通变得有利可图。

人为因素：在诸侯国的阶级统治下，为了增加国家的商业收入，统治者们使用行政手段鼓励发展商业，这些人为因素大大刺激了商业的发展。

> ✎ **课堂讨论**
>
> 请大家查阅我国历史上有名的商人范蠡和沈万三的故事，并思考他们是如何在"重农抑商"的时代积累那么多财富的，他们最终的结局又是怎样，为什么？

三、商业文明的发展历程及特点

不同时代的商业文明发展遵循着时代特点和科技发展水平。我国自古以来一直是农业大国，不同朝代对于商业的理解都不同，了解不同时期商业文明的发展历程和特点是学习新商业的基础。

1. 农耕文明时期及其商业发展模式

（1）商朝与春秋战国时期

商民善于经商，"商人"这个词最原始的含义就是"商朝经商的人"；商朝以贝作为货币；

商朝都城拥有很多繁华的商业都市，有"商邑翼翼，四方之极"之称。

春秋战国时期，随着土地私有化、生产方式转变等生产关系的变革，人们对土壤与物产、农时与气候的认识逐步加深，同时金属农具的出现、农用动力的应用、农田水利的发展等使生产力得到发展，各地土特产品互相交流，许多城市成为繁华的商业中心，如齐国临淄、赵国邯郸、楚国郢等；这一时期出现了许多有名的大商人，如春秋后期的范蠡和战国后期的吕不韦等。

（2）魏晋南北朝与隋唐时期

魏晋南北朝时期，不少城市遭到战争破坏，商品经济发展缓慢。北魏以后，北方商品经济有所恢复；与之相比，南方商品经济相对比较活跃。北魏时，洛阳城内市场很多，且有周长近八里的大市，一些富商大贾周流天下或远走异域。

隋唐时期，农产品商品化程度提高，尤其是茶叶的市场很广泛。唐朝中期，政府开始征收茶税。隋唐商业的特点之一是交通发达，交通要道上有接待客商的私家店肆，备有供客商骑用的"驿驴"；以运河、长江为主的水运也很方便；特点之二是货币统一，废五铢钱，行开元通宝。

（3）宋元时期

两宋时期商业环境相对其他朝代较为宽松，解除了商业活动在时间和空间上的限制，商品种类迅速增加。两宋时期出现了世界上最早的纸币"交子"。商人地位有所提高，形成地主、官僚、商人逐步结合的趋势。商税收入在政府财政收入结构中比重剧增。市镇的集市发展，城市商业区域扩大到城外。

元朝交通便利，国家空前统一，制瓷技术大放光彩，出现五大民窑，丝织品种类繁多，商业空前繁荣，大都、杭州、泉州成为国际性商业大都会。

（4）明清时期

明朝小农经济与市场的联系日益密切，城镇商业呈现繁荣景象。随着农业和手工业的发展，商品经济空前活跃。明朝中后期，在江南一些丝织业发达的城市如苏州、杭州等地，产生了资本主义生产关系的萌芽。

清朝时期商业范围扩大，部门增多，手工工场的规模扩大，促进了农业生产商品化。棉花、茶叶、甘蔗、染料等农副产品大量进入市场，区域间长途贩运贸易发展较快，货币的作用越来越大，出现以徽商和晋商为代表的"商帮"。但由于"重农抑商"思想和"闭关锁国"政策的原因，清朝商业始终在资本主义生产关系的萌芽状态中徘徊，整个生产始终未能进入工场手工业阶段，其力量远不足以分解封建生产方式，在全国范围内，自然经济仍占主导地位。

（5）近现代时期

鸦片战争后，随着对外贸易的发展，国内市场扩大。洋纱、洋布等商品的输入破坏了农民自给自足的经济，茶、丝等大量出口促进了农村商品的生产。市场结构已发生变化，各地区贸易中心向通商口岸转移，机器工业品开始占据重要地位。西方19世纪70年代的技术革新，带动了国内工业品价格下降。

同时，这一时期出现了为外国洋行进行购销活动的新式商业。它属于资本主义商业，这种商业利润较大，资本积累较快。

19世纪90年代以后，国际贸易额急剧增长，加之内河轮船的发展和铁路的兴修，国内市场迅速扩大。进口商品由口岸的洋行、买办卖给批发字号，再由客帮、转运商运往内地，转发农村。出口商品由农村小贩、城镇货栈集中，经转运商贩往口岸，再由行栈卖给洋行。这就把原有的传统商业，包括封建性很强的地主商业、行会商业都组织了起来，成为半殖民地半封建的商业网。

进入20世纪后，通商口岸的近代工业发展很快。它们的产品也进入了商业网。棉花、小麦、烟叶等工业原料的贸易也经这个商业网向口岸集中。随着口岸人口膨胀，粮食和其他农副产品也改变了传统流通渠道，以通商口岸为中转和消费中心。

20世纪初，随着民族资本近代工业的发展，新式商业中出现了专营国产商品的经销商。经过历次反帝爱国、抵制洋货运动，过去专营洋货的经销商也逐渐扩大国产商品经营比重，并出现国产商品公司等组织。

从全国来说，传统商业仍占很大比重，但它们也不同程度地向资本主义转化了。粮行、药材行、绸缎行中都出现合股公司组织；盐商已不居重要地位。封建习俗也仅仅在零售业和集镇、农村中仍保留着。

近代商业的投机性更大，类似上海这样的城市本来就是国际资本的投机市场。整个商业的投机化是在抗日战争时期由通货膨胀政策引起的，战后达到顶点。所有重要物资都变成投机筹码，正当交易停顿，城乡交流堵塞。工业资本也大量从事商业投机，生产停滞，城市集聚了大量游资，直到新中国成立后，市场面貌才有了改变。

2. 农耕时期商业特点的形成原因

（1）生产力的客观要求

我国自古以来都是农业大国，由于生产力不足，作为历来注重自给自足的大国，粮食安全不容忽视，一旦大量劳动力被吸引到商业，国家的粮食安全就会受到巨大的威胁。

（2）备战思维的精神压迫

"重农抑商"其实脱胎于商鞅时期的战时政策，由于长期的战争，统治者对战略物资尤其是粮食储备十分重视，进一步加剧了重农抑商的趋势。

（3）重利轻义的文化倾向

由于当时的商业还不成熟，对于经济学和商业不能很好理解的古代人，必然认为商人是重利忘义之辈，进而产生偏见和鄙视。

（4）控制流动的统治需要

在国家管理技术不发达的情况下，最简单的管理方法就是让大家待着不动，减少流通，这种特性是农业的特色，但却也是商业发展的致命伤。

商业文明
发展史

总的来说，在农耕文明的背景下，农业相比于商业，更能维持社会稳定，有利于维护当时国家的中央集权，为国家提供稳定的劳动力。

拓展阅读

中国古代商业发展的特点

中国古代商业的兴衰是受地主经济的发展规律所制约的，反过来，商业又在一定程度上影响着地主经济的发展。在我国古代封建社会，商业资本往往用于购买土地，而不是向工业投资。因此，它的发展是与社会的一般经济发展成反比的。

近代中国，大买办、大地主是帝国主义统治中国的支柱，它们代表的是最落后、最反动的生产关系。

19世纪末至20世纪初，我国民族资本主义工商业得到缓慢的发展。1927年以后，中国共产党在革命根据地建立了新型的公有制商业、合作社商业，并保护和发展了私营商业，为新中国商业的建立和发展积累了丰富的经验。

3. 工业文明时期及其商业发展模式

18世纪60年代的第一次工业革命（以蒸汽机等为代表）和19世纪中期的第二次工业革命（以电力等为代表）直接打开了"工业文明时代"的大门。此时的商业发展有如下特征。

（1）重工轻商、标准化生产

工业革命带来了生产端的集约化和规模化，工厂开始出现，厂商完成从采购到生产到销售等一系列商业流程，产品是流水线的同质化、标准化商品，打破了人类农耕时期自给自足的个体创造型商品的局面，同时由于蒸汽机和电气化带来制造业的改革，厂商的利润非常可观，越来越多的工厂开始建立，竞争日趋激烈。

（2）规模化、利润导向

随着工业革命的深入和工业化时代的发展，厂商数量越来越多，规模日趋发展壮大，商品制造呈规模化发展，同时，品牌开始出现，厂商开始寻求标准化商品下的差异化，从而追求商品的最大利润。

（3）精益管理、科学管理

在工业文明的背景下，企业在发展过程中追求管理的规范化、精细化。明确的分工、标准化的流程、严格的人力管理是企业提高效率的保证。

✏️ **课堂讨论**

在新商业文明的背景下，为了迎合外部需求的变化和消费者需求的变化，企业还应从哪些角度进行改进？

🎓 **价值引导**

由于封建社会实行中央集权制和古代战争频繁，我国古代基本奉行重农抑商的政策，很大程度上阻碍了社会经济的发展和人民生活水平的提高。现如今，我国大力发展经济，促进进出口贸易发展，贸易常年保持顺差。目前，我国不但是制造业第一大国，同时也是进出口贸易第一大国。2013年9月和10月，"丝绸之路经济带"和"21世纪海上丝绸之路"（"一带一路"）合作倡议被提出，我国积极发展与沿线国家的合作伙伴关系，共同打造政治互信、经济融合、文化包容的利益共同体。

📓 **课堂自测**

一、选择题

1. 农耕文明时期商业的产生基于人们对（　　　）的认识的等价交换。

　　A. 生产工具　　　　B. 货币　　　　C. 价值　　　　D. 生产力

2. 下列哪项不是货币？（　　　）

　　A. 现在的纸币　　　　　　　　B. 商业形成时期的石头

　　C. 现在的比特币　　　　　　　D. 可使用的信用卡

3. 下列哪项不是商业产生的前提条件？（　　　）

　　A. 货币的产生　　　　　　　　B. 产品有剩余

　　C. 专业化分工效率提高　　　　D. 社会生产力的发展

4. 工业时期商业的发展特点是（　　　）。

　　A. 重工抑商　　　　B. 利润导向　　　　C. 科学管理　　　　D. 标准化生产

5. 下列哪些是货币存在的目的或功能？（　　　）

　　A. 价值储藏　　　　　　　　　B. 交易媒介

C. 避免通货膨胀的冲击　　　　　　　　D. 价值尺度

二、判断题

1. 商业起源于商朝。（　　）
2. 重农抑商符合农耕文明时期的商业特点。（　　）
3. 在农耕文明的背景下，农业相比于商业更能维系社会稳定。（　　）
4. 战争是造成我国古代重农抑商思想的主要原因之一。（　　）
5. 元朝商业空前繁荣，成为国际性商业大都会。（　　）

1.2　了解新商业

导入案例

企业的社会责任

2020年2月8日，在新冠肺炎疫情还未被完全控制住的背景下，汽车行业最早尝试复工复产。在比亚迪位于深圳龙岗的工厂里，一个特殊的车间机器轰鸣，工人们24小时不停生产，为抗疫前线输送最急需的用品——防疫口罩。

7天造出口罩机，日产能达500万只口罩，令这家新能源汽车巨头又获得一个新的身份——当时全球最大的量产口罩工厂。

同时，在互联网世界，腾讯则掀起了"百团大战"。"百团"的由来，指的是抗疫高峰期，腾讯内部先后有超过100支技术志愿团队奔赴前线作战。大到企业的远程复工工具包，小到个人出行用的健康码、抗疫小程序、辅助诊断技术、科普辟谣、在线问诊等产品都是这些团队的作品。

案例思考：

工业文明时代的企业大都以利益至上为原则，新商业时代，无论是传统制造型企业还是新型互联网企业，越来越多地逐渐把社会责任作为自己的分内来对待。

何为新商业

相关知识

一、新商业的产生背景

传统的商业模式是工厂设计、生产、制造产品，然后通过常规的营销方式出售给有需求的消费者，但是新商业模式除了拥有和传统商业共同的特征，也有自身新的特点，包括主体的新、环境的新、规则的新等。新商业以开放、透明、分享、责任为四大准则，建立一个诚信、平等、互动、和谐的商业新平台。新商业以消费者为本，坚持信息对等原则，在交易面前，商家与消费者处于平等的地位，商家尊重消费者的权益，履行对消费者的义务，更加注重商品的质量，注重可持续发展。新商业以诚信为根本，使社会资本规则化、制度化，营造体现对等原则的生态环境，使信息对称化、利益对称化。商家和消费者同时为责任的承担者和受益者。新商业克服了传统商业文明人与人对立、人与自然对立的不可持续发展模式。

二、新商业的定义

其实对于新商业，目前还没有特定的定义。就目前来说，一般商业文明包含 B2B（企业对企业）、B2C（企业对消费者）、C2C（消费者对消费者）等商业模式，新商业指的是以消费者为中心的商业模式，即 C2B 商业模式。从深层意义上来说，新商业是整合优势资源，企业以消费者为中心，以员工为纽带，优化渠道，利用大数据等技术定制服务，同时兼顾社会责任和员工利益，从而达到一个优势互补，淡化不良企业竞争的新商业环境。

✎ 课堂讨论

请大家联系日常生活中看到的新商业背景下的企业或现象，谈一谈你对新商业和传统商业之间不同点的看法，并说一说你对未来新商业的畅想。

📚 拓展阅读

小米的新商业理念：生态链

小米董事长雷军认为，一个消费者平均 2 年换一次手机，消费频率太低，于是他开展了小米生态链模式，用 20 ～ 30 个品类组合把一个低频消费场景变成了一个高频消费场景。小米生态链是一个共享经济平台，由第三方公司做产品的设计、外观，对接团队需要的、小米拥有的电商、营销、品牌等资源，围绕小米公司建立起一系列产品矩阵，包括智能可穿戴设备、净水器、空气净化器、平衡车、插线板等。现在消费者不再专门为了买手机去小米门店，更多需要高频购买的产品同样吸引着他们的目光。

三、新商业的特征

传统商业模式一般以利益为第一导向，追求生产销售利益的最大化，缺乏对消费者的保护和差异化服务。新商业依托最新的技术和先进的观念，在其发展过程中主要呈现以下几个特征。

1. 新基础设施

新商业将基于大数据和云计算的支持，实现快速响应、高可扩展性、按使用付费、高容错率、成本大幅降低。目前已投入使用和正在筹备的各类云计算平台，将会成为提供公用计算服务的巨型计算中心。新商业将依托此类新基础设施做到差异化服务。

2. 新商业模式

传统商业时代的大规模生产，较多地体现为单一品种的大规模生产，其核心特征是，通过生产量的规模化和生产过程的标准化、高效率，来持续降低商品和服务的单位成本。而新商业时代的大规模定制，更多地体现了范围经济，表现为多品种、小批量生产，其核心是应用共享平台分享成本，更便宜、更快速地生产高附加值的多种商品和服务。

3. 新企业组织

新商业的组织结构从金字塔向扁平化发展，信息流从信息不对称向信息透明化、对称化发展。企业与企业的关系也从以前的对立转变为向生态协同发展，由价值链向价值网络转变，公司不再是最基本的组织模式，人人可以凭爱好、兴趣，快速聚散，展开分享、合作，比如微商、抖音，人人都可以从事商业，获取财富。这将是商业的日常生活化的时代，也将是一个在任何地方任何时间都能完成任何商业活动的时代。

4. 新价值观

新商业的价值基础是诚信、分享、平等和责任。新商业具有的即时分享和社交媒体属性将使新商业具有自发、透明、可积累、可实现价值等特点。

5. 新社会生活

新商业使经济系统与社会生活相融合，社会网络逐渐嵌入经济行为；就业结构将发生比较大的改变，越来越多的社会成员，其工作领域将与互联网商业活动相关；个体将在其中获得更多的商业自由度，生活形态发生转变。

智慧零售

四、新商业的发展趋势

科技的进步使得新商业造成的影响逐渐扩张。新的消费理念，新的营销方式，新的零售模式，新的支付手段，已经不再局限于发达城市。总体来说，新商业的发展呈现以下几个趋势。

1.　实体商业与虚拟商业融合发展

传统商业以实体经济为主流，由于当时互联网还未普及，人们追求的是线下的商业往来；在新商业时代，虚拟经济飞速发展，线上线下相结合，虚拟与实体相结合，未来这两者的发展将会日趋平衡。

2.　企业的社会责任意识加强

传统商业中有些企业是以利润为主要导向，对企业责任和社会责任的承担意识较差，在追求利益最大化的过程中难免会出现为降低成本违背企业责任和社会责任的现象，比如有的企业为发展自身经济污染环境就是社会责任的缺失。在新商业的发展背景下，企业与社会的联系越来越紧密，企业越来越注重可持续发展，在承担社会责任的同时宣传了企业文化，弘扬了传统美德。近年来，在各个重大社会事件中，企业履行社会责任的案例越来越多。

3.　从单一渠道迈向复合渠道

新的商业模式正在向新的复合渠道迈进。从定义上来说，单一渠道是只通过一条渠道（如邮件、电视、收音机等），将商品和服务从某一销售者手中转移到消费者手中的行为。从技术上来说，单一渠道时代就是"实体店铺"时代，为少数的消费者提供服务。

而复合渠道是客户关系演变的下一个过程，是企业通过不同类型的方式接触消费者或与消费者进行互动。在新商业时代，这些渠道不光是线上线下的互通，还有各个渠道的互通。全渠道帮助品牌开放市场，使其能够触达更广泛、更多样化的消费者，并帮助其在不同渠道利用不同的营销活动策略抓取潜在的消费者需求。

4.　分享式购物逐渐成为主流

新商业时代，人们的购物习惯从以往的个人购物演变成分享式购物。线上平台逐渐演变成社交电商平台，消费者在平台分享自己的购物心得体验，不光给其他消费者做了购物的参考，同时也是自我情感的宣泄和个性的展示。未来的电商平台将不再是单一的购物平台，更是社交平台。

五、发展新商业文明的意义

新商业文明将会构建一个充满开放、透明、分享、责任的商业社会。企业向社会开放，决策向员工开放，数据向公众开放，平台向伙伴开放。新商业文明下，每个参与者既是责任的承担者，又是治理的参与者。社会责任将烙刻在企业的商业模式之中，只有这样才能实现企业的可持续发展，企业与自然的关系也将更具亲和性，向自然无限索取的时代将成为历史。

新商业文明的形成，不仅要实现个人数据、商业平台和公用计算之间的平衡，更将实现个人愿望、企业目标和社会责任之间的平衡，促进物质消耗和环境保护之间的平衡。一个更加和谐的世界即将展现在我们眼前！

📖 拓展阅读

新商业下的海澜之家

2020 年海澜之家营收达到 81.02 亿元，归属于上市公司股东的净利润 9.47 亿元，目前公司总资产达到 278.06 亿元。

海澜之家将服装的生产、设计、运输等环节均实现了外包，所有服装的样式、设计都是由供应商设计师提供的，之后海澜之家再对款式进行挑选，最后下达订单，整个经营成本大幅下降。供应商参与服装的设计与生产，也承担全部库存风险，因此加盟商可以获得更高的毛利率。卖不出去的服装，海澜之家还将退回生产商或从厂商处进行二次进货，由旗下折扣店品牌"百依百顺"进行销售。海澜之家将经营核心放在品牌塑造上，把存货和资金分解给了上下游，自己提供品牌管理、供应链管理和营销网络管理，将供应商、加盟商和公司三者捆绑成利益共同体，因此获得了更好的经营利润。

📓 课堂自测

一、选择题

1. 下列哪项不是新商业时代降低成本的方式？（　　）

    A. 共享平台资源　　B. 柔性生产　　C. 标准化生产　　D. 范围经济

2. 下列哪项不是商业发展的趋势？（　　）

    A. 卖家的公平竞争　　　　　　　　B. 信用机制愈发透明

    C. 产品价格越来越低　　　　　　　D. 社会责任感愈发强烈

3. 下列哪项不是新商业的特征？（　　）

    A. 新基础设施　　　　　　　　　　B. 新价值观

    C. 新社会生活　　　　　　　　　　D. 企业竞争愈发激烈

4. 新价值观主要体现在（　　）。

    A. 及时分享　　B. 透明　　C. 自发　　D. 可实现价值

5. 下列哪项属于新商业的复合渠道传播？（　　　）

  A. 电视传播   B. 收音机传播

  C. 报纸传播   D. 平台互通传播

二、判断题

1. 新商业的模式是从工厂设计生产到对消费者的营销。（　　　）

2. 新商业的信息流动有透明化、对称化的特点。（　　　）

3. 新商业时代，分享式购物将成为主流。（　　　）

4. 新商业时代，企业间的竞争愈发激烈。（　　　）

5. 新商业的全渠道传播模式只是线上线下的互通。（　　　）

📖 综合项目实训

新商业给传统零售业带来的转变

案例一：三只松鼠的"云上大促"

2020 年 5 月，《互联网周刊》和 eNet 研究院评选三只松鼠为年度新零售创新第一名，以鼓励其在电商方面利用阿里云技术结合线上线下门店，整合互联网和物流资源，从而满足消费者的购买需求。每年"双十一"都是各零售企业发力之时，但订单高峰也会带来各种问题，线上流量大、高并发场景会为服务节点带来负载压力，若跟不上服务，将难以为消费者带来优质的服务体验，甚至影响消费者的购买需求。阿里云容器服务不仅帮助企业解决了节点负载问题，还能缩短处理时效，保障消费者的购物体验。同时在物流上，在"双十一"和其他消费高峰时间，三只松鼠结合线下投食店，利用其库存进行渠道分担，使消费者在物流较缓慢的购物节日也能提前拿到自己购买的商品。

案例二：上海虹桥机场无人便利店

上海虹桥机场的无人便利店提供"拿了就走、无感支付"新技术，减少了消费者排队支付的时间，收银效率与普通便利店相比提高了 78%，既满足了消费者急速购物的需求，又为门店提高了运营效率。借助智能互动广告屏、智能价格牌等营销手段，便利店实现了精准推送，提升了潜在消费者的转化率。

案例三：7-11 上线人脸支付，开创智慧零售新时代

紧跟支付热潮，7-11 上线人脸支付。作为自助收银的一种方式，人脸支付正在为越来越多的年轻人所接受，这不仅与新兴技术的发展高度相关，也能让消费者在一定程度上摆脱对手机这一第三方支付工具的依赖。人脸支付不过是智慧收银的一种模式，随着技术的革新，更多的新兴支付方式将会随之崛起，但核心终离不开新型、便捷、优体验这几大要素，消费者是服务的核心对象，为消费者带来更好的服务体验，也是新商业、新零售不断努力的方向。

分析：

1. 通过以上案例分析新商业的发展趋势是什么，它是如何结合技术发展的。
2. 通过以上案例分析新商业时代背景下，消费者购物的模式有哪些改变。

教学目标

知识目标

了解商业活动的概念、特点及分类

了解商业环境的概念及组成

了解我国当代商业环境的营造方式及历经的发展阶段

能力目标

能深入分析商业环境对商业活动的影响

能准确分析克服恶劣商业环境中的人为作用

能理解我国不同发展阶段的商业环境的特点

素质目标

具备思辨精神及客观分析的能力

具备自我学习、自我提升的能力

思维导图

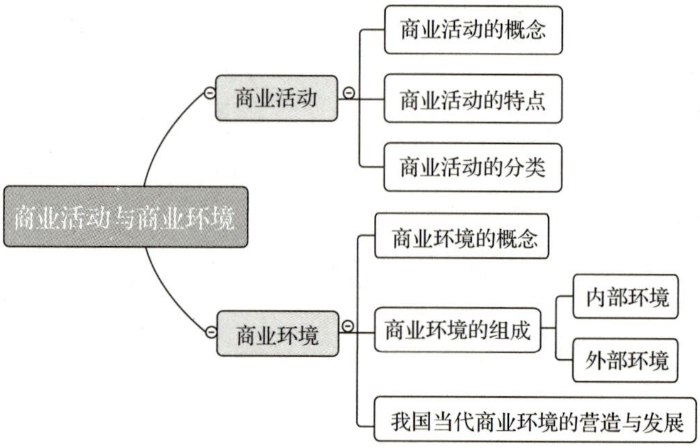

2.1 商业活动

导入案例

"引狼入室"还是"合作共赢"

日本著名的阪急电铁、东电公司、东宝公司的董事长小林一三，曾出任过明治时代的商工大臣，此人做生意气魄不凡，有许多绝招奥秘。

年轻时，小林一三在大阪市创办手下另一份产业——阪急百货店。按照常规，一般的生意人都喜欢垄断经营，生怕旁边的店铺抢了自己的生意。小林一三却一反常态，别出心裁地将市内一家名气远扬的咖喱饭店请进自己新建的阪急百货店里来经营，并且请他们把咖喱饭的售价降低四成，这四成的差价由小林一三补偿。这不是"引狼入室"，明摆着是赔本买卖吗？百货店的董事和员工大为着急，认为小林一三一定是受了蛊惑，一时迷糊受了欺骗，因此纷纷起来反对，请求他撤销决定。小林一三手一挥，笑眯眯地说："你们不必着急，且等着看好戏吧。"果然，当物美价廉的咖喱饭店一开张，很快就引起了大阪市民的热情光顾，消息传得沸沸扬扬："阪急百货店里有好吃的咖喱饭，不仅味道美，价钱还差不多便宜了一半呢！快去尝尝吧！"于是，顾客冲着这份既好吃又便宜的咖喱饭从四面八方蜂拥而来，百货店每天挤得人山人海，热闹至极。而小林一三的百货店生意自然也跟着水涨船高，营业额一下子翻了6倍多，相比之下，他补给咖喱饭的那一点差价就显得微不足道了。

案例思考：

上述案例反映了日本商人小林一三的经商智慧。请思考：这种"引狼入室"的商业思维，反映了商业活动中的什么特点呢？

相关知识

一、商业活动的概念

　　商业活动是指企业的购买、销售、交换和银行的贷款等活动。管理学家法约尔认为，懂得买与卖与懂得很好地生产同样重要。商业活动是国家经济活动中的重要组成部分，是商品流动、维持社会稳定等的重要因素。一个国家的商业活动反映着该国家的经济实力。

商业活动的
特点

二、商业活动的特点

　　商业活动是商业主体和客体双方共同参与的过程。主体和客体双方围绕着商品互相询问、互相试探、互相了解、互相协商。在这个过程中沟通起着主导作用，对商业活动的进行，乃至商业目的实现都具有决定性的作用。商业活动是人类最基本的实践活动。经济学家大卫·李嘉图以他的"比较优势说"（The Theory of Comparative Advantage）给出了极为简单、明确的证明：商业活动具有"双赢"或"多赢"的特点。现代经济理论也证明：商业活动有竞争，但它是合作竞争，诚信竞争，而不是"兵不厌诈"的军事竞争。商业活动有博弈，但它是非零和博弈，而不是"你死我活"的零和博弈。

三、商业活动的分类

　　生活中常见的典型商业活动有行业峰会、论坛、沙龙。

1. 行业峰会

　　行业峰会集企业（产品）展示、企业（产品）品牌评比传播、行业交流学习等功能于一体，并致力服务推进企业品牌认识。以中药行业品牌峰会为例，峰会引导公众关注用药安全，在生产企业、主管部门、销售单位、用药单位、公众患者间建立起桥梁和纽带，加速推进中药现代化进程，强化中药在国民健康领域的影响力。行业峰会的规模一般较大，参会人数在300 人以上。

2. 论坛

　　论坛包含高峰论坛、讨论社会问题论坛、专业学术论坛等。它的特点是具有一定的时间、地点、参与人员的要求。论坛的规模一般在 200 ～ 300 人。

3. 沙龙

现代沙龙主要指规模较小、议题简要、非正式化的，由行业内的企业聚集在一起进行研讨的会议，一般备有酒水糖茶，或有歌舞表演活动。沙龙的规模一般在 100 人以内。

🎓 价值引导

"合则强，孤则弱""合作共赢应该成为各国处理国际事务的基本政策取向""要摈弃零和游戏、你输我赢的旧思维，树立双赢、共赢的新理念"。为构建新型国际关系，打造人类"命运共同体"，这些理念贯穿中国外交始终。

"公有制企业也好，非公有制企业也好，各类企业都要把守法诚信作为安身立命之本。"这也是任何企业都必须遵守的一个大原则。"诚信""合作共赢"成为现代商业活动的一个显著的特点，是时代对现代商业活动提出的新要求。

开篇案例其实也讲述了"互利共赢是经商之道，寻求合作是成功之举"这一商业道理。共赢是现代市场经济发展的一大潮流，是企业理性化的目标选择。共赢理念突破了以往传统理论中视市场竞争为弱肉强食、视利益追求为唯利是图的观念，它为发展现代市场经济拓展了巨大的空间，也为继续整合市场经济和人类文明提供了新的启迪。中国加入 WTO，意味着可以作为世界经济共同体中有着独立意义的一极，从区域性的、双边的交往走向遵循全球通则的多边交往。为此，必须转换思维方式和价值观念，由区域性思想观念走向全球性思想观念，由单极主体性观念走向多极主体性观念，从追求单一利益走向追求双赢、多赢和共赢。

📚 拓展阅读

广交会

中国进出口商品交易会，称广交会，从 1957 年起每年春秋两季在广州举行，迄今为止已有 60 多年的历史。从第 101 届起，广交会更名为中国进出口商品交易会。它是中国目前历史最长、层次最高、规模最大、商品种类最全、到会客商最多、成交效果最好的综合性国际贸易盛会，也被称为"中国第一展"。

第一届广交会于 1957 年春季在广州开幕，共有 19 个参展国家和地区，展览面积9600 平方米，参展商 1223 位，展出商品 12 000 多种，交易额 1755 万元。广交会的交易额首次突破 100 亿美元花了 32 年（1957—1989 年），而交易额达到 200 亿美元仅用了 15 年（1989—2004 年）。2004 年广交会的展览面积达 55.5 万平方米，已达到世界单年期展览会面积的第二名。到 2011 年春季展会，展览面积达 116 万平方米，展位数量58 699 个，参展商数量 24 415 个，交易额 368.8 亿美元。

2020 年，第 127 届广交会于 2020 年 6 月 15—24 日在网上举办。这是中国历史最为悠久的贸易盛会首次完全以网络形式举办，实现中外客商足不出户下订单、做生意。本次线上交易会建立了线上展示对接平台，推动 2.5 万家广交会参展商全部线上展示，并按照大家熟悉的原实体展设置，分为出口展和进口展，并分别设立相应的展区。本次广交会举办了主题为"同步广交会、环球享商机"的活动，通过建立交换链接，参展商按照广交会制定的统一名称和形象，在统一时间开展线上经营活动。还提供直播营销服务，建立网上直播专栏与链接，为每一家参展商单独设立 10×24 小时全天候网上直播间。这个直播间不受时间和空间的限制，企业既可以与客商在网上进行单独的面对面洽谈，也可以通过网络直播同时面向大量客商来宣传和推广。

在广交会创办的初期，展览内容主要是农副土特产品。20 世纪 90 年代，机电产品、高新科技产品、高附加值产品和日用消费品逐渐成为广交会的主导产品。到 2006 年，机电产品占展览产品总比例的 40.3%；2005 年秋季参展的民营企业比例达 36.57%，非公有制企业达到 70%，成为出口主力军，混合参展商为广交会的主要特色。广交会从单一的出口交易会变成了进出口交易会。从 1957 年到 2011 年的 54 年间，广交会的累计交易额约 8892 亿美元，增加 2100 倍累计参展的境外采购商约 572 万个，参展国家和地区数量增加 11 倍，参展商数量增加 20 倍，布展面积增加 120 倍。

✎ 课堂讨论

1. 请你调查更多资料，并总结广交会的发展历程。
2. 结合你的认识，分析广交会取得成功的原因。

课堂自测

一、选择题

1. 商业活动是人类最基本的（　　）。
    A. 实践活动　　　　B. 理论活动　　　　C. 实训活动　　　　D. 学术活动
2. 商业活动是（　　）。
    A. 零和博弈　　　　　　　　　　　B. 非零和博弈
    C. "你死我活"的博弈　　　　　　　D. 军事竞争
3. 行业峰会的规模一般在（　　）。
    A. 100 人以内　　　　　　　　　　B. 100～200 人
    C. 200～300 人　　　　　　　　　　D. 300 人以上

4. 沙龙的规模一般在（　　　）。

　　A. 100人以内　　　　　　　　　　　B. 100～200人

　　C. 200～300人　　　　　　　　　　　D. 300人以上

5. 论坛具有一定的时间、地点和（　　　）的要求。

　　A. 环境　　　　　　B. 参与人员　　　　　C. 经济　　　　　　D. 文化

二、判断题

1. 商业活动是国家经济活动的重要组成部分。（　　　）

2. 一个国家的商业活动反映着该国的经济实力。（　　　）

3. 商业活动的特点是单打独斗。（　　　）

4. 商业活动是商业主体和商业客体共同参与的活动。（　　　）

5. 学术会议属于商业活动。（　　　）

2.2　商业环境

导入案例

改革开放初期的"三来一补"政策

1978年，党的十一届三中全会召开之后，改革开放和社会主义现代化建设拉开了序幕。改革开放初期，通过大量的政策支持与引导，我国在经济建设方面做了多种尝试与努力，催生了"三来一补"等新的政策，有效解决了当时技术、资金、管理经验不足等方面的问题。

"三来一补"是"来料加工""来件装配""来样加工"和"补偿贸易"的简称，主要形式为外商利用我国现有的工厂和人力资源，提供产品样式、生产原料及生产设备进行产品生产，而生产出来的产品则由外商负责出口，当地工厂和政府收取一定的加工费和管理费。根据合同约定，其设备经过一定时间便归中方所有。

"三来一补"企业兴起于珠江三角洲地区，东莞的太平手袋厂便是第一家来料加工企业。后来的"三资"企业，即中外合资经营企业、中外合作经营企业、外商独资经营企业，大都是由当时的"三来一补"企业发展转型而来的，如康佳公司、中华自行车厂等。实践证明，"三来一补"企业在当时是适合我国生产力发展水平的，它引进了技术和设备、资金，实现了创汇，对于工业技术水平、产品质量的提高和产品品种的增加，以及我国对外开放格局的形成，包括扩大就业和改善人民生活，都发挥了积极的作用。

案例思考：

结合上述案例，请分析一下，改革开放初期我国的商业环境是怎样的？除了"三来一补"政策之外，我国还采用了什么政策大力发展当时的国民经济。

相关知识

一、商业环境的概念

商业环境是指商业活动所需的内部和外部环境的总和。内部环境包括商业活动主体，即企业内部的物质环境和文化环境；外部环境包括商业活动客体，即企业生存和发展等各种外部因素的总和。

二、商业环境的组成

1. 内部环境

商业环境的内部环境包括内部物质环境和内部文化环境。内部物质环境是商业活动主体发展的重要保障和支撑。内部文化环境是商业活动主体战略制定与成功实施的重要条件。内部文化环境与内部物质环境共同组成了企业的内部约束力量，是商业活动主体进行商业活动环境分析时的重要内容。

（1）内部物质环境

任何商业活动都需要借助一定的资源来进行，商业活动主体的资源拥有和利用情况决定其活动的效率和规模。这些资源包括主要资金、固定资产、固定设备、技术以及信息等，大体可分为有形物质资源和无形物质资源两大类。

（2）内部文化环境

内部文化环境主要指商业活动主体的文化内涵构建，即企业文化。企业文化是企业发展创新、维持长久经营的关键。

2. 外部环境

商业活动的外部环境又分为外部宏观环境和外部微观环境两个方面。

（1）外部宏观环境

外部宏观环境主要包括政治环境、经济环境、技术环境、社会文化环境等。

政治环境：政治环境是指那些影响和制约商业活动主体的政治要素和法律法规及其运行状态，具体包括国家政治制度、政治军事形势、方针政策、法律法规及执法体系等。在稳定的政治环境中，商业活动主体能够通过公平竞争获取正当权益，得以生存和发展。国家的政策法规对商业活动主体生产经营活动具有控制、调节作用，相同的政策法规给不同的商业活动主体可能带来不同的机会或制约。

经济环境：经济环境是指商业活动主体生存和发展所处的社会经济状况及国家的经济政策，具体包括社会经济制度、经济结构、宏观经济政策、经济发展水平以及未来的经济走势等。其中，重点分析的内容有宏观经济形势、行业经济环境、市场及竞争状况。衡量经济环境的指标有国民生产总值、国民收入、就业水平、物价水平、消费支出分配规模、国际收支状况，以及利率、通货供应量、政府支出、汇率等国家财政货币政策。

技术环境：技术环境是指与商业活动主体有关的科学技术的现有水平、发展趋势和发展速度，以及国家科技体制、科技政策等，如科技研究的领域、科技成果的门类分布及先进程度、科技研究与开发的实力等。在知识经济兴起和科技迅速发展的情况下，技术环境对商业活动主体的影响可能是创造性的，也可能是破坏性的，所以必须预见这些新技术带来的变化，采取相应的措施予以应对。

社会文化环境：社会文化环境是指商业活动主体所处地区的社会结构、风俗习惯、宗教信仰、价值观念、行为规范、生活方式、文化水平、人口规模与地理分布等因素的形成与变动。社会文化环境对商业活动主体的生产经营有着潜移默化的影响，如文化水平会影响人们的需求层次；风俗习惯和宗教信仰可能抵制或禁止企业某些活动的进行；人口规模与地理分布会影响产品的社会需求与消费等。

（2）外部微观环境

能够直接给一个企业提供有用的信息，同时也更容易被企业所识别的外部微观环境主要包括市场需求、竞争环境、资源环境等，涉及行业性质、竞争者状况、消费者、供应商、中间商及其他社会利益集团等多种因素，这些因素会直接影响企业的生产经营活动。

当代商业环境

三、我国当代商业环境的营造与发展

商业环境受到一个国家的政治环境、经济环境、社会环境等的综合影响。良好的商业环境是一个国家和地区经济软实力的重要体现，也是提高综合竞争力的重要手段。从改革开放到现在，为了推动经济又快又好的发展，我国出台了一系列国家战略和重要举措，商业环境在不断改善与优化。

我国当代商业环境发展主要经历了 3 个阶段。

第一个阶段：1978—2000 年。这个阶段的主要特征是对内改革、对外开放，投资环境大幅改善。这一阶段国家所采取的主要举措有吸引外资、建立国家级新区等。深圳、汕头、厦门、珠海便是我国率先成立的 4 个经济特区。

第二个阶段：2001—2011 年。这个阶段的主要特征是接轨国际经贸规则，按照 WTO 的要求进行系统改革，践行服务领域开放承诺，提高对外贸易政策的稳定性、透明性和可预见性。这个阶段的主要举措有改革能源、交通等硬环境，改善政府职能等软环境；地方则积极响应中央政策，出台更加细化与多样的引资政策等。通过一系列调整关税、实施最惠国暂定税率、协定税率和特惠税率等政策，平均关税水平由 15.3% 降到 9.8%；分批次逐步解除 424 个税号产品的进口许可证、配额管理和技术检验标准等非关税措施；修订颁布《对外贸易法》等一系列法律法规。统计数据显示，这一时期中国对世界经济增长的平均贡献率接近 30%。

第三个阶段：2012 年至今。这个阶段的主要特征是优化营商环境，发展新经济，主要举措有：①市场准入不断放宽，开放度不断扩大，营商环境不断优化；②发展新经济，培育经济增长新动能；③营造互联网商业环境，大力发展电子商务、分享经济等新兴经济形式，推动新的经济增长点。可以说我们现在所处的这个阶段的商业环境的打造主要围绕互联网展开。在互联网的推动下，我国商业环境的营造又上了一个新台阶，打开了一个新局面。

🎓 **价值引导**

2019 年，"进一步开放市场""持续改善营商环境""全面实施平等待遇"等重大举措被明确提出。同年 10 月，国务院出台的《优化营商环境条例》明确营商环境是指企业等市场主体在市场经济活动中所涉及的体制机制性因素和条件，以市场主体需求为导向，以深刻转变政府职能为核心。该条例的出台，从国家层面夯实了优化营商环境的法治基础。优化营商环境，提升经济活动成为各级政府的重点工作之一，也为我国经济发展创建了一个良好的政策环境。

从重农抑商、闭关锁国到如今持续深化营商环境改革，从落后挨打到如今全球第二大经济体、第一大贸易体，党的领导、国家政策的引领使得近代以来久经磨难的中华民族迎来了从站起来、富起来到强起来的伟大飞跃。

📖 **拓展阅读**

栽下梧桐树，引得凤凰来——我国营商环境的建设与成效

根据 2019 年 10 月 24 日世界银行正式发布《全球营商环境报告 2020》显示，

2020 年度中国营商环境总体得分 77.9 分，即中国达到了全球最佳水平的 77.9%，比上一年度提高 4.26 分；排名为全球第 31 位，比去年提高 15 位。该报告还称，由于大力推进改革议程，中国连续第二年跻身全球营商环境改善最大的经济体前十名。

自 2003 年起，世界银行对全球 100 多个经济体的营商环境进行横向比较，截止到目前，先后发布了 20 期的《全球营商环境报告》。其核心是从企业经营的便利度入手，考察该国（或经济体）的商业法规以及法规下的具体执行办法。

2013 年，《中共中央关于全面深化改革若干重大问题的决定》中首次提出"建立法治化营商环境"的目标。2017 年 7 月 17 日，习近平主持召开中央财经领导小组第十六次会议，强调：营造稳定公平透明的营商环境，加快建设开放型经济新体制。2021 年，《政府工作报告》提出：深入推进重点领域改革，更大激发市场主体活力。

如今的互联网时代，营商环境的打造还被赋予了新的定义与内涵。依托互联网平台，全国各地各级政府实现了越来越多的政务服务事项网上办、掌上办、一次办，大大简化了办事流程，让企业省心、安心。营商环境不断优化增加了中国对外资的吸引力。联合国贸易和发展会议报告显示，2020 年，在全球外国直接投资（FDI）总额大幅下滑的背景下，中国 FDI 逆势增长，成为全球最大外资流入国。

更短的负面清单、更便利的市场准入、更透明的市场规则、更健全的服务体系、更有效的权益保护……中国以政策定力帮助市场主体对冲不确定性，以自身的生动实践贡献中国智慧。

课堂自测

一、选择题

1. "三来一补"政策不包括以下哪项？（　　　）

    A. 来料加工　　　　B. 来件装配　　　　C. 来样加工　　　　D. 补贴贸易

2. 我国率先成立的 4 个经济特区不包括（　　　）。

    A. 深圳　　　　　　B. 汕头　　　　　　C. 上海　　　　　　D. 珠海

3. 任何一个民族、一个国家，都需要学习别的民族、别的国家的长处，学习人家的先进科学技术。下列选项中最能体现这一思想的是（　　　）。

    A. 改革开放　　　　　　　　　　　B. 设立经济特区

    C. "一国两制"　　　　　　　　　　D. 实行家庭联产承包责任制

4. 宏观环境不包括以下哪些因素？（　　　）

    A. 政治环境　　　B. 人文环境　　　C. 经济环境　　　D. 社会环境

5. 超级市场出现的客观条件之一是存储技术和条形码技术的存在和发展，这体现了（　　）对商业活动的影响。

　　A. 自然环境　　　　B. 法律环境　　　　C. 科技环境　　　　D. 人文环境

二、判断题

1. 商业环境是指商业活动所需的内部和外部环境的总和。（　　　）

2. FDI 指的是外商直接投资，是一国的投资者（自然人或法人）跨国投入资本或其他生产要素，以获取或控制相应的企业经营管理权为核心，以获得利润或稀缺生产要素为目的的投资活动。（　　　）

3. 社会文化环境不会对商业活动主体的生产经营有潜移默化的影响，因为商业活动主体的思想往往是根深蒂固的。（　　　）

4. 商业活动是国家经济活动中重要的组成部分。（　　　）

5. 优化营商环境、提升经济活动成为各级政府的重点工作之一。（　　　）

📖 综合项目实训

案例一：上海领跑百城营商环境

　　上海在《后疫情时代中国城市营商环境指数评价报告》（2020 年）中再度蝉联榜首。上海在放宽市场准入、扩大对外开放方面的政策落实取得显著成效，并且外商投资活跃度位居全国第二。

　　2020 年 4 月 10 日，《上海市优化营商环境条例》正式施行，同一天，上海推行 24 项举措，涵盖落实国家扩大开放政策、加强外商投资促进工作、提升投资便利化水平、强化外商投资保护等。优良的营商环境，在后疫情时代也吸引国际资本和跨国公司产业链布局纷纷选择落地上海。2020 年第一季度，上海实到外资 46.69 亿美元，同比逆势增长 4.5%，其中 3 月份增长 20.8%。4 月，又有 31 个外商投资项目与外资公司落户上海。

　　此外，上海实施政务服务"一网通办"、城市运行"一网统管"，在疫情防控和复工复产时期派上了大用场，助力城市治理现代化建设。2020 年 3 月 9 日，上海进一步推出"零接触服务"，短短两个月办理量从 20% 骤升至 51%。

案例二："马上就办""一趟不用跑"

　　2020 年 6 月，福建省人民政府印发实施《2020 年福建省深化"放管服"改革优化营商环境工作要点》，把优化营商环境作为推进治理体系和治理能力现代化的重要举措，"马上就办""一趟不用跑"成为该举措推行的口号和目标。用好福建省自助办税管理平台，实现 90% 常办业务"自助办"；构建以闽政通 App 为龙头的全省一体化掌上便民服务平台。政府有关部门持续提高办事效率，提升审批服务质量，进一步简化办理流程。

案例三：营商环境"没有最好、只有更好"

常州是中华民族工商业的重要发祥地，民营经济基础发达，素有重商、崇商、亲商、稳商的文化。多年来，常州市委、市政府始终坚持营商环境"没有最好、只有更好"的理念，持续深化"放管服"改革，当好服务企业的"店小二"，努力将营商环境打造成常州"金字招牌"和"最亮名片"。

常州市委、市政府出台的优化营商环境的举措，主要有以下 3 个特点。

一是突出一流标准。对照"国际标准""国省标尺""国内标杆"，借鉴再创新，提出了一些创新创优的"自选动作"。比如，实现企业开办全流程"1.5 个工作日常态化、0.5 个工作日最优化"；升级"融 E 办"品牌，覆盖全市 25 家商业银行，实现全程"网上办"；水气接入简易项目"零材料"受理，一般项目"容缺"受理，所有项目可"网上办"等。

二是突出用户思维。坚持以企业评价为第一评价，以群众感受为第一感受，围绕企业和群众办理量大的高频事项，推动"一件事一次办"，提升企业、群众的获得感和满意度。

三是突出全面长效。根据营商环境的变化，常州市委、市政府每年都将细化制定一张新清单、实施一批新举措，通过营商环境 2.0 版、3.0 版，年年更新、年年倒逼，持续发力、久久为功，形成常态长效机制，打造一流营商环境品牌。

"水美则鱼肥，土沃则稻香"，优质的营商环境，就像青山绿水，成就企业创造金山银山。

分析：

1. 阅读以上案例，请思考营商环境的打造对经济的发展、商业活动的开展有哪些积极的作用。

2. 阅读以上案例，请思考各地政府分别从哪些方面提出优化营商环境的相关举措。

3. 通过学习本章节，我们了解到封建王朝统治下的商业政策与我国现行的营商环境政策理念是截然不同的，请分析比较一下原因。

第 3 章
经营管理与经营模式

教学目标

知识目标

了解常见的企业经营类型

掌握经营管理的四大职能

掌握企业基本的组织架构

掌握常见的经营模式

能力目标

能够区分有限责任公司与股份有限公司

能够根据实际选择合适的企业经营类型

能够分析实际企业经营管理职能的应用

能够选择合适的组织架构

能够选择适合企业发展的经营模式并不断调整

素质目标

树立创新意识、创新精神

提高参与感，感受经营管理的真谛

思维导图

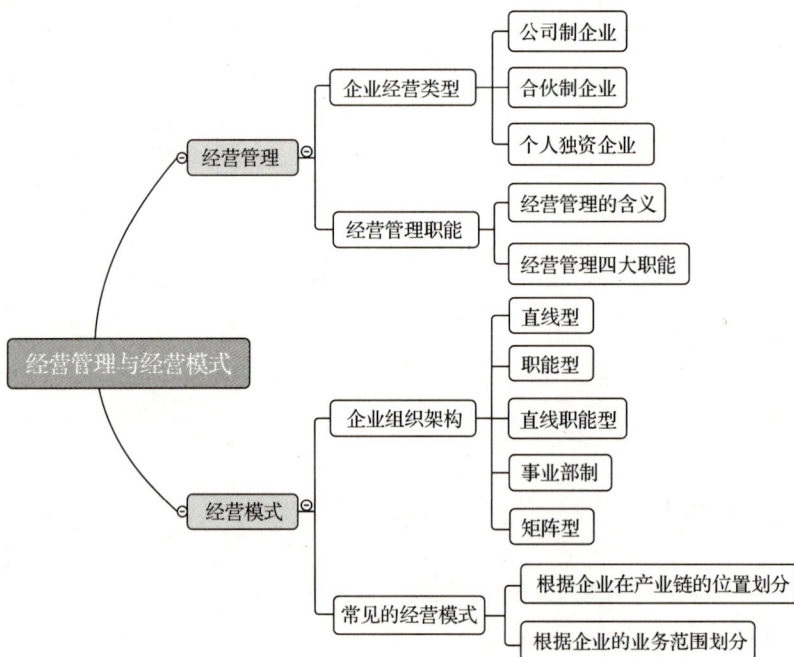

3.1 经营管理

导入案例

华为耀眼成就的背后——经营管理

华为之所以能成为中国最大的民营企业，在这耀眼成就的背后，更值得思考和学习的是华为的经营管理模式。

1. 股份对全公司员工开放

华为属于有限责任公司，它的股份是对全公司员工开放的，华为总裁任正非只拥有公司 4% 的股份。当员工在公司里表现优异，能够得到大家的认可，就有机会入股，等到公司分红时，员工也能分到一杯羹。不得不说，华为的这种做法使员工有了明确的目标和实实在在的利益，他们还不干劲十足？众所周知，华为这几年发展迅猛，2020 年的总营收为 1367 亿美元，同比增长 11.2%。

2. 人性化对待员工

华为的管理模式为员工带去便利，非常人性化。因为在华为加班的加班费是额外计算的，加班半小时以上还可以免费享用价值 25 元的宵夜，如果加班一小时以上可以享受公司免费派车送回家的待遇。华为让员工们没有后顾之忧，全身心地投入到工作中去，从这一点就可以看出华为经营管理模式的高明之处。

3. 严格的绩效考核制度

虽然华为的薪资高、待遇好，但是公司每 3 年会进行一次员工考核与评比，如果考核不合格或是最后两名都会被公司淘汰。所以，在华为工作并不是一件轻松的事，员工们都不敢松懈，打起十二分的精神，华为逐渐呈现出一片蒸蒸日上的新气象。任正非说过："做企业家就要有狼的特性，要有坚持不懈的毅力、坚定不移的信念和不轻言放弃的勇气，并且要团结合作。"这些话都在华为人的身上有所体现。

4. 45 岁退休模式

华为主要是做通信技术服务和软件开发业务，所以对员工的年龄有严格的要求。在华为，到了 45 岁你可以申请"退休"。当然，对于依然保持工作热情和战斗力的优秀人员还是会保留。因此，华为定期"换血"，使年纪大、缺乏进取心且占据重要位置的人淘汰，优秀的新锐才能得以施展才华，这就是华为在经营管理模式上所进行的独特思考与探索。

案例思考：

为什么企业需要不断探索经营管理方式，企业可以通过哪些方面来改进经营管理方式？

相关知识

一、企业经营类型

新商业时代背景下，社会产生了新的主体、新的环境与新的规则，而企业需要进一步明确以消费者为中心的事实，注重企业高质量的组织与经营管理，更好地适应信息化与全球化的进程。

根据组织形式的不同，企业经营类型可以划分为公司制企业、合伙制企业以及个人独资企业，这些基本包含了现代企业的形式。

企业经营类型

1. 公司制企业

公司制企业简称公司，是指按照法律规定，由两个或两个以上的投资者出资设立、自主经营、自负盈亏、具有法人资格的经济组织。同时，公司制企业以法人财产制度为核心，所有权主体和经营权主体分离，所有者只参与和做有关所有者权益或资本权益变动的理财决策，而日常的生产经营活动和理财活动则由经营者进行决策。

我国目前的公司制企业主要包括有限责任公司和股份有限公司两种形式。

（1）有限责任公司

有限责任公司简称有限公司，是指根据《公司法》及有关法律规定的条件登记注册，由50个以下的股东出资设立，每个股东以其认缴的出资额为限对公司承担有限责任，公司以其全部资产对公司的债务承担责任的企业法人。

有限责任公司是我国企业实行公司制最重要的一种组织形式，一般适用于中小型非股份制公司。其设立程序比较简单，不必发布公告，也不必公布账目，尤其对于创业者而言，有限责任公司是比较适合创业的企业类型，大部分的投融资方案、协议控制（Variable Interest Entity，VIE）架构等都是基于有限责任公司进行设计的。有限责任公司的特点可以总结为以下几点。

① 人资两合性。有限责任公司以资本联合为基础，将合伙制企业的人合性与股份有限公司的资合性综合起来，其正常运行离不开股东之间的信任合作。

② 公司的资产责任形式是有限责任。股东仅以其出资额为限对公司承担责任，公司以其全部资产为限承担责任。若公司在面临破产清算时，资产不足以清偿债务，股东也不需要以个人财产为公司偿还债务，并且这是合法合理的。

③ 股东人数受法律限制。有限责任公司的股东可以是自然人，也可以是法人，其人数有最高限制，不得超过50人，以便公司在进行重大的经营决策时能够协调一致。由于规定中没有最低人数限制，因此可以设立一人有限责任公司，但要求注册资本最低限额为10万元。

④ 具有封闭性。首先，有限责任公司不得向社会公开募集资本，只能在股东内部募股集资，有限责任公司设立时的全部资本来源于每个股东认缴的资金财产总和。另外，这种封闭性还体现在股权转让方面，股东的股权不得随意转让，出资证明不能流通或质押。我国《公司法》规定，有限责任公司的股权转让需经半数以上的股东同意，并且在股权转让时，其他股东享有优先权。

（2）股份有限公司

股份有限公司是指将全部资本划分为等额股份，股东以其认购的股份为限对公司承担责任，公司以其全部资产为限对公司的债务承担责任的企业法人。我国《公司法》规定，设立股份有限公司，发起人应当是2人以上200人以下，其中须有半数以上的发起人在中国境内有住所，而且没有注册资本最低限额的限制。

股份有限公司是典型的"资合公司"，能够迅速、广泛、大量地集中资金，也形成了其区别于其他类型的诸多特点，这些特点可以总结为以下几点。

① 建立法人治理结构。法人治理结构是现代企业组织制度的核心，主要由股东大会、董

事会、监事会和高层经理人员四部分组成，具体如图 3-1 所示。股东大会是最高权力机构，选举产生董事会和监事会；董事会是经营决策机构，其雇佣的总经理主要负责决策、指挥与控制；监事会负责监督董事会和总经理。

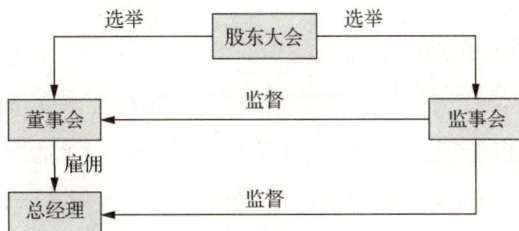

图 3-1　法人治理结构

② 全部资产划分为等额股份。股份有限公司的全部资本划分为金额相等的股份，股份是构成公司资本的最小单位，投资者可以认购相应的股份。

③ 股份的公开性与自由性。股份有限公司通过发行股票的方式公开募集资金，募集的范围广、数量多；另外，股票可以自由转让与流通，这样可以保持股票较高的流通性，吸引投资者的同时提高公司的融资能力。

④ 经营状况的公开性。股份有限公司具有开放性，尤其是向社会募集股份的公司，负有法律规定的信息披露义务，其财务状况和经营情况等要依法进行公开披露，不仅要向股东公开，还必须向社会公开，以保障社会投资者的利益。

拓展阅读

有限责任公司与股份有限公司的区别

从规模上看，股份有限公司股东的数量与注册的资本均多于有限责任公司，因此也更容易扩大经营规模。

从设立方式来看，股份有限公司出于保护公众的目的，无论从设立条件还是设立程序上均更加严格与复杂，另外股本的划分、筹集资金的方式以及股权转让方式均有所差别。

从管理要求来看，公司组织结构、股权的证明以及财务状况的公开程度也不相同。组织结构设置规范化程度方面，有限公司比较简单、灵活，可以通过章程约定组织机构，可以只设董事、监事各一名，不设董事会、监事会；股份有限公司的要求高，必须设立董事会、监事会，定期召开股东大会。有限责任公司的股权证明是出资证明书，而股份有限公司的股权证明是股票。有限责任公司的财务状况只需按公司章程向股东公开，无须对外公布；股份有限公司则需要定期公布财务状况，其中上市公司更要通过公共媒体向公众公布财务状况。

2. 合伙制企业

合伙制企业是由两个或两个以上的个人或单个业主制企业通过签订合伙协议，共同经营，收益和风险共同承担的组织。合伙制企业财产由全体合伙人共有，合伙人对企业债务承担连带无限清偿责任。

合伙制企业的特点主要包括以下几点。

（1）责任无限。普通合伙人对合伙制企业的债务承担无限连带责任。例如，甲、乙、丙三人成立的合伙制企业破产时，当甲、乙已无个人资产抵偿企业所欠债务时，虽然丙已依约还清应分摊的债务，但仍有义务用其个人财产为甲、乙两人付清所欠的应分摊的合伙债务。

（2）生命有限。合伙制企业比较容易设立和解散，合伙人签订了合伙协议，就宣告合伙企业的成立。新合伙人的加入，旧合伙人的退伙、死亡、自愿清算、破产清算等均可造成原合伙制企业的解散以及新合伙制企业的成立。

（3）财产共有。合伙制企业的经营活动，由合伙人共同决定，合伙人有执行和监督的权利。合伙人可以推举负责人，合伙负责人和其他人员的经营活动，由全体合伙人承担民事责任。换言之，每个合伙人代表合伙制企业所发生的经济行为对所有合伙人均有约束力，因此，合伙人之间较易发生纠纷。

（4）相互代理。合伙人投入的财产，由合伙人统一管理和使用，不经其他合伙人同意，任何一位合伙人不得将合伙财产移为他用。只提供劳务，不提供资本的合伙人仅分享一部分利润，而无权分享合伙财产。

（5）利益共享。合伙制企业在生产经营活动中所取得、积累的财产，归合伙人共有。如有亏损则亦由合伙人共同承担。损益分配的比例，应在合伙协议中明确规定；未经规定的可按合伙人出资比例分摊，或平均分摊。以劳务抵作资本的合伙人，除另有规定者外，一般不分摊损失。

3. 个人独资企业

个人独资企业是指依法在中国境内设立，由一个自然人投资，财产为投资人个人所有，投资人以其个人财产对企业债务承担无限责任的经营实体。

个人独资企业一般由个人出资，其所有权、控制权、经营权、收益权是高度统一的，而且企业运营与业主的个人经济利益息息相关，所以业主会尽最大努力把企业经营好。当然，在运营过程中，外部法律法规对企业的管理、决策、进出、设立、破产的限制较小，也在一定程度上限制了企业的扩张和规模化经营；由于企业经营权和所有权高度统一的产权结构，使企业拥有充分的自主权，但也表明企业可能会因为突发状况或经营不当导致破产。

拓展阅读

个体工商户

个体工商户是指有经营能力的公民，依照条例规定经工商管理部门登记，从事工商业经营的实体，可以个人经营，也可以家庭经营。

个体工商户与个人独资企业的区别主要有以下几个方面。

1. 规模的大小。个人独资企业的规模较大，必须有固定的生产经营场所和合法的企业名称，可以设立分支机构，员工数量无限制；而个体工商户一般是自己或家庭成员一起工作，雇佣成员不超过 8 人。

2. 投资者与经营者的变通性。个人独资企业，经营者和投资者可以不是同一个人，以后可以上市；个体工商户的经营者和投资者必须为同一个人，不具备上市资格。

课堂讨论

如果你是一名创业者，想成立一家公司，你会选择成立哪种类型的公司？

二、经营管理职能

经营管理是企业核心竞争力的重要组成部分，在企业生存和发展中具有不可替代的作用。通过经营管理，企业可以尽可能利用人力、物力、财力等资源，配合超强的执行力保证战略目标得以快速实现，并取得最大的投入产出比，切实增强市场竞争力。

经营管理职能

1. 经营管理的含义

经营管理是指企业为了满足社会需要，为了生存和发展，对企业的经营活动进行计划、组织、领导和控制。其目的是使企业面向用户和市场，充分利用企业拥有的各种资源，以尽量少的劳动消耗和物质消耗，生产出更多符合社会需要的产品，取得良好的经济效益和社会效益。

价值引导

以辩证的思维看待经营管理

经营与管理密不可分，必须共生共存，在矛盾中寻求统一，因此我们需要以辩证的思维看待经营管理。

脱离开经营思考，仅仅注重管理，那就十分糟糕了。管理讲究谋定而后动，经营则是心动不如行动。企业要做大做强，必须关注经营，研究市场和客户，并为目标客户提供有针对性的产品和服务；同时管理也必须跟上，经营才能继续前进；经营前进后，又会对管理水平提出更高的要求。因此，企业发展的规律就是"经营—管理—经营—管理"，在交替中前进。

经营是龙头，管理是基础，管理必须为经营服务。管理要做什么，必须由经营决定，经营是选择对的事情做，管理是要把事情做对，逻辑关系非常明显。若企业的经营能力不及管理能力，虽然制度健全、文化理念先进、人才优秀，也会经营不善。因此，我们必须以辩证的思维看待经营管理。

2. 经营管理四大职能

（1）计划

计划是经营管理的首要职能，管理活动从计划工作开始。计划职能要求管理者能够根据组织目标，拟订组织愿景和使命，并且根据现有资源，估量外部的机会、规避外部的风险，最终拟定一套中长期的工作方案和预案，即行动计划。

（2）组织

组织是经营管理的一项基本职能，是指为了达到目标而协调整体活动的一切工作的总称。当计划制订好后，需要落实到实际行动中，这就需要组织工作来实现。组织职能要求管理者根据目标明确要完成哪些任务，这些任务由谁来完成，如何完成，何时何地去完成。在组织的过程中，我们需要搭建组织框架，充分合理地进行人力、物力、财力、信息等资源的配置。

（3）领导

领导是领导者带领和指导组织成员完成任务，实现组织目标的职能，它包含了三层含义：一是带领指挥，组织需要建立合理的领导体制，树立领导权威，发挥领导影响力；二是协调沟通，领导者需要与被领导者充分沟通，协调前面组织之间的矛盾和关系，协调计划与实际之间的矛盾，协调上级和下属之间的关系；三是激励，领导者为了实现组织目标，需要不断激励员工，运用各类激励手段与方法来调动他们实现组织目标的积极性。

拓展阅读

协调沟通的重要性

一辆装东西的小车需要拉动，天鹅、鱼和虾准备一起拉，三个家伙套上车索，拼命用力拉，可车子还是纹丝不动。车上装的东西不算重，只是天鹅拼命向云里冲，虾则是向后倒拖，而鱼一直向水里拉。

究竟哪个错？哪个对？

员工之间不协调，工作就施展不好，只会把事情弄得更糟，引起痛苦烦恼。领导的智慧，就是既能妥善分配员工的工作，又能协调他们之间的合作。

无论一个企业的金钱、机器和材料的总和多么强大，如果没有一支愿意思考和协作的员工组成的队伍可以使用，企业也不能长久运行下去。

（4）控制

控制是为保证组织目标得以实现，对组织行为过程进行的监督、检查、调整的管理活动。即使计划制订得再周密，由于诸多外部不可控因素以及内部执行差异的影响，也难以保证万无一失。因此，管理者需要在制订计划的同时，建立控制系统，定期考察计划的落实情况，及时发现偏差，并采取措施予以纠正。

计划、组织、领导与控制是企业经营管理的最基本的职能，它们相互联系、相互制约。其中计划是经营管理的首要职能，是组织、领导和控制的依据；组织、领导和控制是有效管理的重要环节和必要手段，是计划及其目标得以实现的保障，只有统一协调这 4 个方面，使之形成前后关联、连续一致的管理活动整体，才能保证管理工作的顺利进行和组织目标的完满实现。

课堂自测

一、选择题

1. 以下不属于有限责任公司的特点的是（　　）。
   A. 每个人都出资　　　　　　　　　　B. 股东人数不受限制
   C. 资产责任形式为有限责任　　　　　D. 具有封闭性

2. 企业法人治理结构一般属于（　　）。
   A. 有限责任公司　　　　　　　　　　B. 股份有限公司
   C. 合伙制企业　　　　　　　　　　　D. 个人独资企业

3. 以下属于管理者为保证实际工作与目标一致而进行的活动的是（　　）。
   A. 计划　　　　B. 组织　　　　C. 领导　　　　D. 控制

4. （多选）股份有限公司的特点包括（　　）。
   A. 建立法人治理结构　　　　　　　　B. 全部资产划分为等额股份
   C. 股票可以自由转让　　　　　　　　D. 财务和经营状况不需要公开

5. （多选）合伙制企业的特点包括（　　）。
   A. 责任无限　　　B. 生命有限　　　C. 财产共有　　　D. 利益共享

二、判断题

1. 合伙制企业财产由全体合伙人共有，合伙人对企业债务承担连带无限清偿责任。（   ）

2. 个人独资企业是承担有限清偿责任的经营实体。（   ）

3. 激励有正向激励和负向激励，在实际工作中，应更多发挥正向激励的作用。（   ）

4. "一切源于沟通"对于每个人来说，无论是日常生活中还是工作中都很重要，有效的沟通可以帮助理顺很多关系，解决很多问题。（   ）

5. 企业经营管理过程中，尽管企业管理的职能相同，但是应用起来还是需要结合不同的企业。（   ）

3.2 经营模式

👤 导入案例

民族企业的崛起——大疆（DJI）

近年来，全球无人机产业高速发展，无人机不仅越来越多地被用于航拍、摄影等，在农业、测绘、警用等方面也有着广阔的发挥空间，而大疆品牌在全球无人机市场上拥有绝对的话语权。据统计，截至 2020 年，大疆产品占据了全球超 80% 的市场份额，国内超 70%，在全球民用无人机企业中排名第一。大疆的员工也从 300 人猛增至 3500 人（其中研发人员 1000 人），它的不同系列产品被美国《时代周刊》评为"十大科技产品"。

大疆这一民族品牌之所以能够维持十几年的快速增长，离不开企业完善的经营模式。早期大疆采用扁平化的组织架构，机构等级简单，便于信息的有效传递，后来随着组织与经营规模的扩大，组织架构和管理方式均发生了变化，既有职能部门的设置，也能实现统一指挥。

大疆目前的主营业务是消费级无人机、农用无人机、影像系统以及相应的行业解决方案，其中最核心的是消费级无人机，见图 3-2。从产业链的角度来看，大疆无人机目前是一家设计＋生产＋销售的企业。在产品设计方面，大疆一直坚持独立研发和创新，无人机的飞控系统与影像系统一直是其核心技术，目前大疆申请的专利数在全球排名前 30。当然，大疆无人机有许多供应商，例如提供电动机的京山轻机，提供芯片的英伟达等，大疆同样需要对他们进行管理。同时，大疆拥有自己的成品工厂，负责整机的装配。

图 3-2　大疆无人机

案例思考:

大疆这一民族品牌能够运营十几年,发展势头强劲,除了外部环境所提供的机会外,更主要的是企业完善的组织架构以及适应发展的经营模式。

相关知识

一、企业组织架构

组织架构(Organizational Structure)是指一个组织整体的结构,是企业的流程运转、部门设置及职能规划等最基本的结构依据。常见的组织架构形式包括直线型、职能型、直线职能型、事业部制和矩阵型等。

组织架构的本质是为了实现企业战略目标而进行的分工与协作安排,组织架构的设计受到内外部环境、发展战略、生命周期、技术特征、组织规模、人员素质等诸多因素的影响,并且在不同的环境、不同的时期、不同的使命下有不同的组织架构模式。

企业组织架构

1. 直线型

直线型组织架构是一种比较简单的形式,又称为"军队式"组织架构,它高度集权,适用于经营业务简单的小型企业或现场作业的组织。

直线型组织架构的特点是组织中的各种职务按垂直系统直线排列,各级主管人员对所属下级直接指挥和管理,不设专门的职能部门,上级在其职能范围内具有直接指挥权和决策权,下属必须服从,形式如图 3-3 所示。

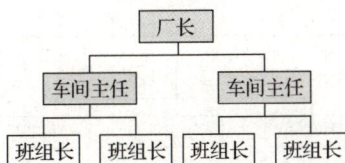

```
                    ┌──────┐
                    │ 厂 长 │
                    └───┬──┘
            ┌───────────┴───────────┐
       ┌─────────┐            ┌─────────┐
       │ 车间主任 │            │ 车间主任 │
       └────┬────┘            └────┬────┘
        ┌───┴───┐            ┌───┴───┐
    ┌──────┐┌──────┐     ┌──────┐┌──────┐
    │ 班组长 ││ 班组长 │     │ 班组长 ││ 班组长 │
    └──────┘└──────┘     └──────┘└──────┘
```

图 3-3　直线型组织架构

这种组织架构的优点是管理机构简单、权责明确、命令统一、决策与反应灵敏；缺点是权力高度集中，尤其是在组织规模较大时，往往由于受到管理者个人能力的限制而顾此失彼，易造成家长式管理作风，组织成员只注重上下沟通而忽视横向联系。

2. 职能型

职能型组织架构起源于 20 世纪初管理学家法约尔在其经营的煤矿公司担任总经理时所建立的组织架构形式，故又称"法约尔模型"。它是按职能来组织部门分工，即从企业高层到基层，均把承担相同职能的管理业务及人员组合在一起，设置相应的管理部门和管理职务。

职能型组织架构的形式如图 3-4 所示，下级既要服从上级领导的指挥，又要服从上级各职能部门的指挥。

图 3-4　职能型组织架构

因此，职能型组织架构的基本特点是在最高管理者下设立职能机构和人员，各职能人员在自己业务范围内都有权向下级发布指令。这种组织架构的优点是管理分工较细，可以提高专业管理水平；缺点是违背统一指挥原则，形成多头领导，容易造成管理混乱。

3. 直线职能型

直线职能型组织架构是一种从直线型组织架构发展而来的形式，综合了直线型和职能型两种结构的优点。架构中的职能部门仅相当于参谋者的角色，只能对下级机构提供建议和业务指导，没有决策、指挥和命令的权力。这种组织架构是现代工业中最常见的一种组织架构形式，而且在大中型组织中尤为普遍，目前我国大多数企业都采用这种组织架构。

直线职能型组织架构的形式如图 3-5 所示，总经理直接管理车间，同时也设置了各个职能部门（人事、财务、研发、营销等部门），并且各职能部门在自己的职能范围内给予生产车间指导，体现了直线指挥统一化与职能分工专业化的结合。

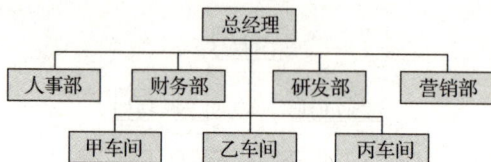

图 3-5　直线职能型组织架构

这种组织架构的优点是既保证了权力的集中，又能实现职能的分工；既有利于统一管理，又有利于发挥职能部门的专业指导作用。其缺点是架构较为复杂，协调工作量大，缺乏灵活性；各职能部门之间的横向联系较差，容易产生脱节和矛盾；信息传递路线较长，反馈较慢。

✏️ **课堂讨论**

我国有较多企业采用的是直线职能型组织架构，你能列举出熟悉的例子吗？同时请你分析这些企业具体的组织架构是怎样的。

4. 事业部制

事业部制组织架构是按照产品或地区设立事业部（或子公司），每个事业部拥有自己完整的职能部门，一个事业部就相当于一家公司。这种组织架构强调分权管理，是自主管理、单独核算、自负盈亏的一种形式，适用于规模较大的企业，如图 3-6 所示。

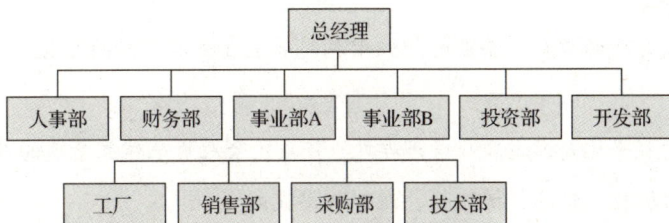

图 3-6　事业部制组织架构

事业部制体现的是"集中决策，分散经营"的指导思想，总公司可以集中精力考虑全局问题，各事业部实行独立核算，更能发挥经营管理的积极性。但这种组织架构需要雇佣更多的专业人才和员工，经营成本有所增加，各事业部也可能因为过分强调本部门的利益而影响整个企业经营的统一指挥。因此，现代集团型公司往往在事业部的基础上增加一个管理层，对联系较密切的事业部进行集中分管。

5. 矩阵型

矩阵型组织架构又称"规划—目标"结构，它是指把按职能划分的部门和按项目划分的部门结合起来，组成一个矩阵，如图 3-7 所示。它既保留了职能型组织的形式，又确立了按项目划分的横向领导系统。从横向上来看，整个组织划分为各个职能部门；从纵向上来看，整个组织划分为各个项目，每个项目都需要各部门人员的参与，在项目完成后，人员还受各部门管理，这样可以有效地节约资源与成本。因此，矩阵型组织架构一般是为完成某项特别任务（开发新产品、新工程）而成立，也是项目化管理的常见组织架构。

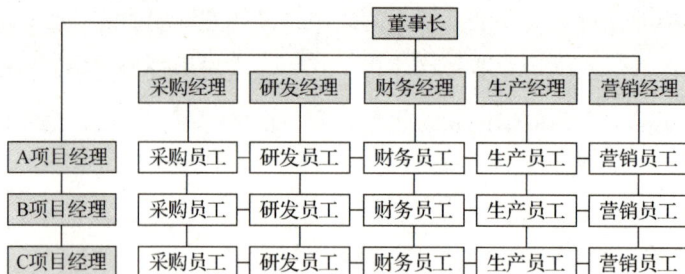

图 3-7　矩阵型组织架构

在矩阵型组织架构中，为了保证完成一定的管理目标，每个项目小组都设负责人，在组织的最高主管直接领导下工作。这种组织架构中的成员具有灵活调配的特点，从而可以有效地避免人才的垄断和浪费，提高人才利用率。但其缺点是结构较复杂，且双重领导机制会使组织成员的职责模糊性增加，管理者权威有时得不到保障。

📚 **拓展阅读**

组织架构的发展

随着新商业时代的来临，企业的组织架构发展呈现出以下新的趋势。

1. 扁平化

组织架构的扁平化是通过减少管理层次、裁减冗余人员来建立紧凑的扁平组织结构，使组织变得灵活敏捷，信息传递流畅，组织效率提高。

2. 网络化

组织架构的网络化主要表现为企业内部架构的网络化和企业间架构的网络化。前者是指在企业内部打破部门界限，使信息在企业内快速传播，实现最大限度的资源共享，也称为"无边界化"；后者指行业中处于价值链不同环节的企业共同组成的组织，以及处于不同行业的企业所组成的网络。网络化使资源的流向更趋合理，企业之间通过网络凝缩时间和空间，提高组织的效率和绩效。

3. 柔性化

随着信息化、网络化、全球化的发展，企业内外部信息共享、人才共用已成为主要特征。柔性化组织的优点是可以充分利用企业的内外部资源，增强组织对市场变化与竞争的反应能力，有利于组织较好地实现集权与分权、稳定与变革的统一。

二、常见的经营模式

经营模式是企业根据经营宗旨，为实现企业所确认的价值定位所采取的方式方法的总称，包括企业为实现价值定位所规定的业务范围，企业在产业链的位置，以及在这样的定位下实现价值的方式和方法。

常见的经营模式

新商业文明是以合作为基石的新发展模式，呈现出分工协作、合作共赢的特征。因此常见的经营模式可以根据企业在产业链的位置划分，也可以根据企业的业务范围划分。

1. 根据企业在产业链的位置划分

（1）生产代工型

生产代工型是指企业作为产业链中下游企业的供应商，根据客户的订单加工产品，并在市场上贴上其他企业的标牌进行销售，简称 OEM（Original Equipment Manufacture），也称"纺锤型"经营模式。此类企业仅负责某一产业中一种或几种产品或零件的生产，对于产品的销售与设计环节并不过多涉及，例如富士康、比亚迪电子等。

对于采取这种经营模式的企业，要求企业本身具备很强的制造能力，相对于整条产业链，这个节点上的企业要有相当强的竞争优势。生产代工型企业的优势在于有利于进入国际市场，参与国际竞争；能够随着产出规模的扩大呈现单位成本下降的趋势；能够在购买方的要求中经验积累，提高管理水平；另外，如果 OEM 产品属于创新产品，企业除了满足购买方的需求外，还可以采用自己的品牌在国内外市场销售。

当然，中国的生产代工型企业大多从事加工生产和出口，多数是在发达国家产业转移的背景下发展起来的，因此其市场的绝大部分在海外。随着劳动力成本优势的下降、行业生产规模的扩大，这类企业普遍面临利润率下降、发展速度减缓等问题。

（2）设计＋销售型

设计＋销售型企业的经营者主要把精力、财力、物力投入到市场开拓和新产品研发上，相对而言，生产制造花费的精力很小，经营模式具有"两头大、中间小"的特点，因此又称为"哑铃型"经营模式。企业只负责设计和销售，不涉及生产领域的业务，企业设计出市场上客户所需要的产品和服务，再寻找相应的生产企业代工。设计＋销售型经营模式要求企业具有很强的设计和销售能力，并且拥有自己的知名品牌。

此类企业要力求保证四类产品：一是正在市场上销售的产品；二是已经研发成功并不断加以改进、等待适当时机投入市场的产品；三是正在试制的产品；四是正在构思或开始实验的产品。由此可见设计＋销售型企业要求企业与市场的联系非常密切，对于市场动态和客户的需求非常敏感，是市场最快的响应者。这种类型的企业比较多，例如华为等，其生产大多是由代工厂完成。

📖 案例分享

Opendesk——"互联网＋"时代的设计＋销售型家具经营模式

有一位客户在伦敦和纽约都有公司，因为满意伦敦本地生产的家具，他希望在纽约也来一套，不过如何让相同的家具低成本地出现在别的地方呢？

于是，三位设计师创立了 Opendesk 公司，想要订购 Opendesk 的家具，首先客户需要在 Opendesk 的网站上挑选心仪的家具款式，下单后网站会提供几家离买家最近的本地家具制造商作为生产者备选。而因为各家制造商的人工价钱并不相同，所以这时只能看到一个价钱区间，之后客户通过邮件和选定的厂商确定价钱，网上付费后，制造商就开始按照公司的设计图切割出家具的部件，最后以平装家具的形式运送给客户。因此，客户只需要简单地拼装就可以得到成型的家具，环保而且便宜。同时，作为一家互联网创业公司，Opendesk 把互联网的共享精神也发挥到家具设计界，在其官网上，不同品牌的设计图都能免费下载。Opendesk 的首席设计师表示，"我们现在给制造商带来的挑战是到底能多快地满足当地客户的需求？"而在未来，这家颠覆原有家具设计业的公司计划让任何地方的家具制造商都参与其中。

（3）生产＋销售型

生产＋销售型企业只要设计经营业务的两个部分：生产和销售，而对于产品研发与设计则较少涉及，因此在这个节点的企业集合中，竞争非常激烈。而全球化与信息化进程的推进，对于企业的核心技术以及研发能力提出了更高的要求，这些企业的发展也面临着新的挑战。

采用此类经营模式的企业，其最大的特点就是迅速模仿，这类企业需要对行业内领导者的行为非常敏感，一旦行业领导者推出新的产品，这类企业就会马上模仿，并进行改制和改善。因此生产＋销售型经营模式不仅要求企业具备较强的市场敏感度，更要求其生产制造柔性较好，能及时根据市场需求调整产品品种，以获得竞争优势。

（4）设计＋生产＋销售型

设计＋生产＋销售型是指企业首先能够依据市场需求，开发出客户所需的产品，或对原有产品进行改进；同时，企业具有相应的制造能力，能通过现有的设备生产新产品，而且设备的柔性较高，企业有足够的资金进行新产品线的建设；最后，企业对于生产出的产品也能通过各类营销渠道顺利地销售出去。采用设计＋生产＋销售型经营模式的企业在产业链上的数量较多，而且对于企业经营管理体系的运作水平要求较高，例如我国知名运动品牌李宁、安踏等。

随着工业信息化的推进，工业互联网涵盖了设计、生产、销售的全过程，传统自动化公司往往特别强调生产，而忽略了设计和销售。目前我国已有多家互联网公司在各行业提供工业互联网服务，例如网易。根据网易对浙江省多家小微服装制造企业的调研，设计和销售往往是这些小微企业领导最大的痛点。一方面，网易基于互联网流量的精准营销技术帮助制造企业有效触达最终客户，从销售端拉动时尚服装产业；另一方面，网易通过网易工业智能平台，帮助企业快速实现生产计划、排单、执行等数字化落地，以及生产全流程管理透明化，从而赋能生产端；而在设计端，网易将游戏、文创、动漫等IP周边赋能服装企业，使其具有更多的产品附加值，从而拥有强大的市场竞争力。

（5）信息服务型

信息服务型是指为企业提供信息服务和决策咨询，帮助企业进行管理的变革和软件的实施，帮助企业进行员工的培训和教育等。较典型的信息服务型企业是咨询公司，这种类型的企业不涉及制造的一切活动，但在很大程度上与制造业有着密切的联系。目前，全球知名的咨询公司包括麦肯锡咨询、波士顿咨询与贝恩咨询，如图3-8所示。

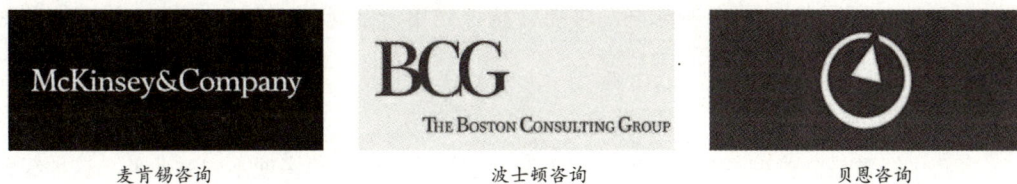

麦肯锡咨询　　　　　　　波士顿咨询　　　　　　　贝恩咨询

图 3-8　全球知名管理咨询公司

例如，麦肯锡咨询的重点放在高级管理层所关心的议题上，为各个不同行业的客户设计、制定相配套的一体化解决方案，包括企业战略的制定，经营运作，组织结构。咨询效果通常集中于客户可以量化的业绩改进，比如销售收入改进，利润成本、供货时间、质量改进等。

拓展阅读

电商企业的经营模式

电商企业的经营模式是指电商企业交易产品或服务的类型，具体可以分为以下5种模式。

1. 纯电商模式。这种模式是指产品或服务的交易都在网上进行。这种模式最关键的条件是客户对纯电商模式的信任，并具有一定的品牌忠诚度。

2. 网购＋体验店模式。这种模式也称为"鼠标＋水泥"模式，体验店的功能主要是展示产品和接待客户，以及客户下单以后到现场看货提货。这种模式的代表有钻石小鸟、九钻等。

3. 由线下拓展到线上模式。这种模式是典型的传统企业进入电商的一种模式，它们已经在线下有一定的渠道网络，其中很多企业甚至有自己的品牌影响力，他们进入电商平台主要是为了拓展新的渠道。这种模式的典型代表有李宁、苏宁电器、万科等。

4. 由线上拓展到线下模式。这种模式的企业是先在网络上有了一定的影响力，因为企业战略需要，他们在线下开设销售渠道，典型代表有淘宝网。

5. 服务电商模式。这种模式在社会化网站中使用得比较多，主要是通过向客户提供电商的产品优惠策略、打折活动等信息服务，代表有打折网、美丽说等。

2. 根据企业的业务范围划分

（1）单一经营模式

专业化经营是指企业仅在一个产品领域进行设计、生产或销售，企业的业务范围比较单一。这类经营模式的优点是企业面对的市场范围比较有限，能够集中企业的全部资源进行竞争；而风险在于众多竞争者可能会认识到单一经营模式的有效性，并模仿这种模式。

（2）多元化经营模式

多元化经营是企业在多个相关或不相关的产业领域同时经营多项不同的业务。这种经营模式可以利用现有资源，开展多元化经营，规避风险；但由于实现了资源共享，人、财、物资源分散，管理难度增加。

多元化经营模式主要是突出一个产品的亮点，然后围绕该产品进行拓展延伸。例如面包店为了提升店内的营业额，经营产品相当多元化，既有中西式面包，又有各种饮品等产品相结合。因为单单卖面包要负担一家店很不容易，面包店需要通过面包饮品简餐的组合营销，来刺激消费。这种经营模式在餐饮行业特别常见，它的投资费用相较于单一经营模式而言更高，同时拥有一定的库存压力，但这种多元化的经营模式能够全面满足客户的需求，因此收入来源更多，销售额更高。

🏛 案例分享

海尔经营模式的发展

海尔经营模式的发展经历了 5 个阶段，具体如下。

1. 单一产品——电冰箱

从 1984 年到 1991 年，海尔只生产一种产品，即电冰箱，属于单一经营模式。1991 年海尔牌电冰箱成为我国电冰箱史上第一枚"国产金牌"，并出口到欧美国家。

2. 制冷家电——电冰箱、电冰柜、空调

1991 年 12 月，以青岛冰箱为核心，合并青岛电冰柜总厂和空调器厂，组建海尔集团，经营行业从电冰箱扩展到电冰柜与空调。海尔集团用了 3 年时间进入电冰柜、空调行业，并成为中国的名牌产品。

3. 白色家电——制冷家电、洗衣机、微波炉、热水器

1995 年 7 月，海尔收购名列全国第三的洗衣机厂，大规模进入洗衣机行业。之后内部发展生产微波炉、热水器等产品。1997 年 8 月，海尔与莱阳家电总厂合资，进入小家电行业，生产电熨斗等产品。至此，海尔的经营领域扩展到全部白色家电。

4. 全部家电——白色家电、黑色家电

1997 年 9 月，海尔与杭州西湖电子合资组建杭州海尔电器公司，生产彩电、VCD 等产品，正式进入黑色家电领域。至此，海尔几乎涉足了全部家电行业，成为中国家电行业范围最广、销售收入超 100 亿元的企业。同时，海尔控股青岛第三制药厂，进入医药行业，并向市场推出整体厨房、卫生间产品，进入家居设备行业。

5. 进军知识产业

海尔与中科院化学所投资组建海尔科化工程塑料研究中心有限公司，从事塑料技术和新产品开发。海尔与广播电影电视总局科学研究所合资成立海尔科广数字技术开发有限公司，从事数字技术开发与应用。海尔还与北京航空航天大学、美国 C-MDLD 公司合资组建北航海尔软件有限公司，从事软件开发。海尔开始进入知识产业，而且产品都是海尔发展所需要的，两者形成一体化关系。

海尔的经营模式从单一化转向多元化，助力企业不断发展壮大。

课堂自测

一、选择题

1. 出现得最早且比较简单的组织架构类型是（　　　）。

　　A. 直线型　　　　　B. 职能型　　　　　C. 矩阵型　　　　　D. 事业部制

2. 根据业务范围分，企业仅仅在一个产品领域进行设计、生产或销售属于（　　　）。

　　A. 单一经营模式　　　　　　　　　　B. 多元化经营模式

　　C. 分散经营模式　　　　　　　　　　D. 生产代工型

3. （多选）企业管理的"四流"包括（　　　）。

　　A. 物流　　　　　B. 资金流　　　　　C. 商流　　　　　D. 信息流

4. （多选）企业法人治理结构包括（　　　）和总经理。

　　A. 股东大会　　　B. 董事会　　　　　C. 监事会　　　　　D. 中层管理

5. （多选）企业的经营模式包括（　　　）。

　　A. 零售型　　　　B. 设计＋销售型　　C. 生产＋销售型　　D. 信息服务型

二、判断题

1. 某高新技术企业为了完成某个客户委托的项目，分别从研发部、财务部、采购部、人资部和市场部抽调部分人员，组成一个项目组。这种组织架构形式属于事业部制。（　　）

2. 企业的组织架构对于企业的运营很重要，组织架构确定好后就可以一劳永逸了。（　　）

3. 康师傅控股集团由于规模较大，产品类别多，产品包括方便食品、糕饼、饮品等，因此需要建立直线职能型组织架构。（　　）

4. 麦肯锡咨询公司是全球知名的企业管理咨询公司，主要对客户公司的整体与业务单元战略、企业金融、营销/销售与渠道、组织架构、制造/采购/供应链、技术、产品研发等领域提供各类咨询服务。据此，我们可以判断，麦肯锡公司的经营模式属于设计＋生产＋销售型。（　　）

5. 企业管理的物流、资金流、商流和信息流中，最具有双向反馈作用的是信息流。（　　）

📖 综合项目实训

李宁的转型之路

李宁体育用品有限公司（以下简称"李宁公司"）是家喻户晓的"体操王子"李宁先生在1990年创立的，经过三十多年的探索，已逐步成为国际领先的运动品牌，走出了一条国际化的路线。它依托长期对原创设计的坚持和沉淀，以及海外时装周的系列推广，把握住了先机，站稳了行业领军者的位置。

组织架构的调整

2014年之前，李宁公司是按照产品设计、生产、市场等不同职能来设置部门架构的，即把企业高层到基层承担相同职能的管理业务及其人员组合在一起，设置相应的管理部门和职务，形成了职能型组织架构。

随着公司规模不断扩张，业务范围也越来越广，从开始单一的运动鞋服制造厂商，发展到包括篮球、羽毛球、健身、休闲体育产品等的多元化产品经营，之前的职能型组织架构已经不适合李宁公司的发展需要。2013—2015年李宁公司的年报均显示亏损，李宁公司内部管理混乱。李宁公司长期作为国内第一大运动品牌，加上特有的民族性的文化标签，长期居高临下的品牌地位也使李宁公司失去了改革的动力。李宁公司过去呈现扁平化的治理结构，导致公司内部领导者的领导幅度过大，中层领导权限过高，公司政策执行不力。

2016年，李宁公司对外宣布，将在现有组织架构的基础上，开启以核心品类事业部集群为主要内容的系列垂直整合措施，尝试从市场分析、商品规划、产品规划、产品设计、上市规划、销售渠道策略、消费者沟通方案七大体系形成垂直一体化管理，使核心品类成为驱动公司未来发展的利润中心。篮球、跑步、羽毛球、训练和运动生活被定义为李宁公司的核心品类。新的核心品类事业群组运作模式与此前模式的区别在于，新模式将原有的"以职能为导向"的组织架构，调整为"以生意为导向、以核心业务驱动"的品类事业部架构，有效降低了沟通成本，激发了各事业部的积极性和创造性。公司的业绩自2016年后就开始复苏，盈利能力提升，始终保持两位数增长，维持强劲的增长势头。

2020年，李宁公司股价暴涨并创历史新高，总体表现超出预期，净利润同比上涨21.7%，发展空间巨大。

经营模式的转变

2018年李宁公司在纽约时装周的表现让大家重新认识了"李宁"品牌。让大家耳目一新的服装呈现让大家认识到李宁在服装设计方面的能力。"李宁"这一品牌的回归只是其中一部分，更多的是李宁回归后公司转型为了"互联网＋运动生活体验"提供商，以产品、渠道与零售运营、制造能力为三大支柱，致力于提供与数字化结合的"李宁"体验式价值。

首先，在产品设计方面，李宁公司变革组织架构，聚焦五大核心品类，设计紧贴市场潮流。效果无疑是显著的，2015年后，五大品类基本每年均实现两位数的复合增长，2018年后，除跑步外其他四大品类的增速均超过20%。

其次，在渠道建设方面，李宁公司采取一系列举措优化渠道结构、提升渠道效率，向零售导向为主的方向转变，并且不断提高数字化线上业务的进程。在优化渠道结构方面，李宁公司关闭亏损店铺，改造低效店铺，推进商店位置优化和扩面整改，对门店类型进行细化改革，着力于开盈利能力强、具有体验概念的大型店铺，不断提升终端运营效率。同时，为了提高零售能力和库存管理效率，李宁公司采取了创新的供货模式并建立了快速反应的零售业务平台，并不断调整供应链的产品开发风向和产量。

最后，在制造能力方面，2019年5月，李宁30多年来首建工厂，其位于广西的供应基地正式启动，涉足体育用品供应链上游的生产制造环节，为增强对零售端的快速反应能力，并显著提高库存效率并降低风险。

"李宁"作为曾经国内体育第一品牌，历经30多年的沉浮，有过巅峰时刻也曾面临严重亏损，最后能够起死回生，完成品牌升级，背后的关键是李宁品牌不断满足消费者需求，面对企业自身问题在逆境中积极自救。

分析：

1. 李宁公司属于哪种经营类型，为什么采用这种经营类型？

2. 在不同的发展阶段，李宁公司的组织架构是怎样的？依据是什么？

3. 根据企业在产业链的位置划分，李宁公司采用了哪种经营模式？效果如何？根据企业的业务范围划分，它又采用了哪种经营模式？

4. 随着近几年中国品牌不断崛起，大家对于我国企业的经营管理有怎样的思考？

第 4 章
商业本质与基本规律

知识目标

了解交易的产生、发展及特征

掌握计划机制与市场机制的概念及区别

了解交易成本的产生及分类

掌握影响交易决策的不同心理效应

能力目标

能根据交易要素的变化掌握提高交易效率的方法

能够分析总结市场经济需求变化匹配不同交易机制的原因

能根据交易成本的分类掌握降低交易成本的方法

能根据交易决策心理不同的特点掌握其应用方法

素质目标

了解不同交易决策心理，增强交易风险意识

具备自我学习、自我提升的能力

思维导图

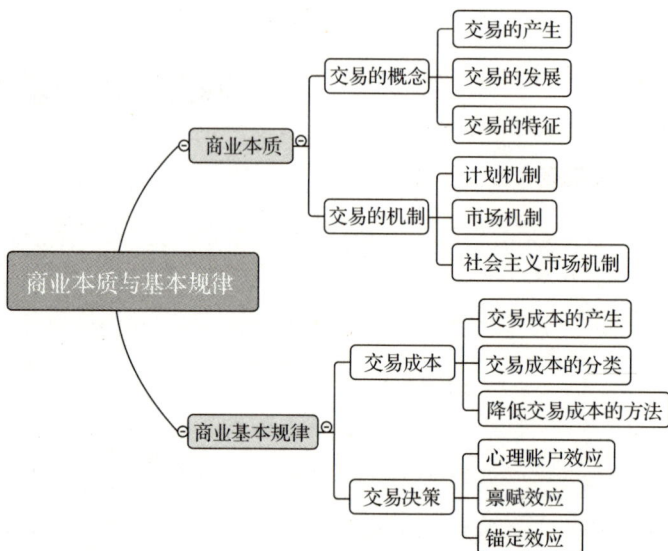

4.1　商业本质

导入案例

哈啰出行——共享经济下的新商业模式

随着全球经济及互联网信息技术的飞快发展，越来越多的商业模式呈现出来。近年来，共享经济的商业模式在激烈的市场竞争中脱颖而出，成为当今世界经济发展的潮流。这种商业模式的不断发展衍生出了许多的实践尝试，其中较为成功的就是"共享单车""共享电动车""共享充电宝"等项目。共享出行领域的佼佼者——哈啰出行让我们看到了共享经济商业模式的快速发展。

1. 资源整合，实践共享商业模式

哈啰出行借助互联网技术建立了一个集哈啰单车、哈啰电动车、哈啰顺风车、哈啰车票等业务的本地出行及生活服务 App 平台，并将共享单车及共享电动车投放于城市各处，用户通过扫描二维码支付一定的租赁费用来获得单车及电动车的短暂使用权。这种租赁使用模式的产生，使得传统商业中"劳动者—企业—消费者"的模式转向了"劳动者—共享平台—消费者"的共享模式，而且极大地提高了资源的利用效率，将资源的边际成本几乎降为零，节约了大量的交易成本费用。

2. 平台共享，实现智能化数据管理

哈啰出行依靠互联网大数据技术等实现智能化管理，管理者只需借助互联网，就

可以实现对共享单车及电动车的定位维护修理和换新等工作。目前，哈啰单车的精细化运营已经进入智慧运营阶段，基于哈啰大脑这一智能决策与指挥中心，驱动智能供需预测、智能规划、智能调度、智能派单等单车全链路运营智能化，大大提高了工作效率，降低了管理成本。随着这种低成本健康出行模式迅速占领市场，哈啰出行为人们的出行提供了一种新的选择。

3. 用户沉淀，聚集庞大数据资源

用户在使用哈啰单车、哈啰电动车及其他出行服务时，需要下载哈啰出行 App。随着哈啰出行的品牌价值越来越大，以及用户数量的不断增加，App 的下载量在不断地提升，更多的代理商会与哈啰公司签约协商广告代理，从而使公司在获得代理广告利润的同时，与其他 App 互相进行广告代理来增加影响力。以哈啰单车作为基石业务，基于单车广泛而高频的流量入口，哈啰正拓展更多高成长性的多元业务。未来哈啰将致力于满足用户多场景、多距离的一体化智慧出行生态服务。

4. 环保高效，展现企业综合价值

哈啰出行将市场优先定位于人们的短距离出行需求，随着用户的不断增加，则开始扩张业务范围，覆盖用户长距离出行需求，通过建立共享 App 平台，将闲散的、过剩的自行车、电动车整合起来，并通过收取一定的租赁费用和押金，产生现金流量，促进企业再生产，体现出了企业的市场价值。哈啰出行以为人们提供便捷、绿色和低碳的出行服务为出发点，致力于提倡节能环保，对社会负责，共创一个美好绿色的中国，突出地展示了企业的社会价值。

案例思考：

当下，共享经济展现了巨大的生命力。这种新商业模式的本质在于降低交易成本，使原来不可交易的资源进入可交易的范围。共享经济不仅是通过共享平台来匹配供求双方从而降低交易成本、实现资源的最佳配置，而且是一场交易认知盈余的革命。

相关知识

一、交易的概念

商业的本质是交易，基于比较优势理论交易可以使每个人的状态都变得更好。通过交易行为，交易双方完成以货币为媒介的价值交换，而人们也在交易的过程中满足了个体的差异需求。有了交易，物资在人类社会才

交易的概念

能得到更合理的分配，而经济也能更快速地运行，交易带动了生产、建设、创新、供给、需求，最终平衡经济运行，促进经济发展。

1. 交易的产生

首先给出"交易"一词明确定义的是美国经济学家康芒斯（Commons），他于 1934 年提出交易是人与人之间对自然物的权利的出让和取得，是排他性所有权的转移，他认为交易是社会生活中人与人之间的关系。交易是人类经济活动的基本单位，与交换不同，交换是转移和接受物品的劳动过程，而交易不是以实际物质为对象，而是人与人之间对自然物的权利的让渡和取得关系，是依法转移法律上的控制。

2. 交易的发展

交易形成发展的过程中，主要经历了以下三个阶段。

（1）自给自足阶段

在原始社会的漫长时期中，人们只能以血缘关系为纽带结成原始群体，按性别和年龄实行自然分工。他们共同生产，共同消费，没有剩余产品，在原始群体内部平均分配食物和其他劳动产品。此时社会处于自然经济阶段，生产力极为低下，生产仅仅是为了满足劳动者和劳动者单位生存需要的自给自足。

（2）物物交换阶段

随着原始社会发展进入后期，社会生产力提升，有了剩余产品，人们的需求也逐步多样化，偶然性的物物交换在这个过程中产生，随着第一次社会大分工，畜牧业从农业中分离出来，物物交换的范围越来越大，交换的产品越来越多，但交换越来越难达成，因为物物交换需要满足很多的重合条件，第一是需求的重合，第二是时间的双重巧合，第三是数量的三重巧合。要同时满足这三重巧合才能达成交换，使得交换的效率变得很低。

（3）商品交易阶段

随着第二次社会大分工，手工业从农业中分离出来，生产技术进一步提升，此时生产开始以交换为目的，为了提高交换的效率，货币应运而生，通过货币衡量物品价值，把原本一次物物交换，拆分成了买与卖的两次交易，而商人也成了交易的媒介，简单商品交易产生。当第三次社会大分工后，商业产生，开始有了规模贸易，此时也正式进入了发达商品交易社会。

3. 交易的特征

（1）资产专用性

资产专用性是交易过程中一种专用性投资一旦做出，不能转为其他用途，除非付出生产性价值的损失，它包括地点专用、实物专用、人力专用、品牌专用等。例如，生产某种零件的特殊模具，仅能用于生产该零件，若将其移作其他用途，则无法使用。此种模具便具有实物资产专用性。

（2）不确定性

一般而言，不确定性分为两种，一种是因为有限理性的限制，而对未来各种情况及变化无法事先预期而导致事后发生偶发事件之不确定性，另一种则是信息不对称导致可能遭受对方欺骗的不确定性。当交易越复杂、未来越不易掌握的情况下，契约难以规范所有可能发生的情况。因此，前者会导致偶发事件的发生，进而增加交易成本。而后者则是在契约谈判的过程中，花费大量成本来规范对方的行为，并在事后增加监督成本，以保障自身的利益。

（3）交易频率

交易次数是影响交易方式的一个相关因素，因为在交易本身具有资产特殊性时，由于是否进行整合仍牵涉投资成本能否回收的问题，所以交易次数的多寡对整合与否具有决定性的影响。若是交易次数频繁，则应该采取整合、内部化的做法。但若是交易次数较少，则应该采取自购交易。

二、交易的机制

我国经济体制交易机制发展的过程中，总体上由"计划"和"市场"这两大关键词相继主导，在新中国成立初期，为了适应早期经济社会发展的需求，实施了计划经济模式，随后顺应社会发展的规律，经济体制逐步从计划经济转变到市场经济。

交易的机制

1. 计划机制

计划机制也称计划经济，是对生产、资源分配及产品消费事先进行计划的经济体制。通过计划避免市场经济发展的盲目性、不确定性等问题给社会经济发展造成的危害，如重复建设、企业恶性竞争、工厂倒闭、工人失业、地域经济发展不平衡、产生社会经济危机等问题。

计划经济一般是政府按事先制订的计划，提出国民经济和社会发展的总体目标，制定合理的政策和措施，有计划地安排重大经济活动，引导和调节经济运行方向。计划经济资源的分配，包括生产什么、生产多少，都由政府计划决定。

2. 市场机制

市场机制也称市场经济，是指通过市场配置社会资源的经济形式。市场就是商品或劳务交换的场所或接触点。市场可以是有形的，也可以是无形的。在市场上从事各种交易活动的当事人，称为市场主体。

市场主体以买者、卖者的身份参与市场经济活动，活动中不仅有买卖双方的关系，还会有买方之间、卖方之间的关系。如果不考虑政府的作用，市场经济体系中有两个部门，一个是公众（消费者），一个是企业（厂商）。两个部门的相互关系根据市场供需情况决定。

✏ 课堂讨论

讨论计划机制与市场机制的优缺点，思考计划机制与市场机制对社会经济发展的影响。

🎓 价值引导

1992年，党的十四大正式提出"我国经济体制改革的目标是建立社会主义市场经济体制""要使市场在社会主义国家宏观调控下对资源配置起基础性作用"。这标志着我国经济体制的根本变革有了明确的目标。

3. 社会主义市场机制

社会主义市场机制是将经济发展与社会主义基本社会制度结合在一起的市场经济，体现社会主义的根本性质，使市场在社会主义国家宏观调控下对资源配置起决定性作用。社会主义市场经济制度遵循价值规律的要求，适应供求关系的变化；通过价格杠杆和竞争机制，把资源配置到效益最好的环节中去，并使企业实行优胜劣汰，运用市场对各种经济信号反应灵敏的特点，促进生产和需求的及时协调。

社会主义市场经济是指通过市场的供求、价格、竞争等机制对社会资源配置起决定作用的体制。市场经济是经济分工与协作的产物，作为一种经济活动，是生产社会化与现代化不可逾越的阶段，同时计划经济仍然是国家调节市场和供应的重要手段之一。

📖 拓展阅读

深圳政府的实践经验

"深圳速度""深圳奇迹"是深圳改革开放的成功体现，借助于城市经济发展中的"资源生成"领域，运用"政府推动、企业参与、市场运作"机制，深刻地揭示了中国特色社会主义市场经济的四层次：第一层次，表现为公有制与商品生产的相容；第二层次，表现为公有制与混合经济的相容；第三层次，表现为公有制企业参与竞争，与市场规则的相容；第四层次，表现为公有经济优长与市场经济优长的相容。

价值引导

疫情下中国特色社会主义基本经济制度的优越性透析

2020 年初，突如其来的新冠肺炎疫情在全球范围快速蔓延，病毒传染性强，疫情防治刻不容缓。2020 年 1 月底，中国政府明确表示，对于新冠肺炎的确诊患者，做到先救治后结算，确诊患者百分之百收治、疑似患者百分之百进行核酸检测，所有救助费用由国家买单，其中 60% 由中央财政补助，40% 由地方统筹。面对疫情，人民以价值为基础的支付能力始终只是实现以使用价值为基础的需求能力的中间环节，人民对财富（商品）的需要始终没有脱离财富（商品）的使用价值。因此，财富（商品）价值的分配方式以保证人民对使用价值的需要为目的时，才能真正实现财富取之于民而用之于民。在此次疫情中，中国特色社会主义的财富（商品）价值分配方式，突破了支付价值获得使用价值的原则，充分展现出中国特色社会主义财富（商品）价值分配方式的底线是满足人民对使用价值的需要，彰显了中国特色社会主义基本经济制度的优越性。

课堂自测

一、选择题

1. 商业的本质是（　　）。

　　A. 价值　　　　　　B. 价格　　　　　　C. 成本　　　　　　D. 交易

2. 要达成双方满意的物物交换需要实现的三重巧合是（　　）。

　　A. 需求、时间与数量　　　　　　　　B. 需求、时间与物品

　　C. 物品、时间与数量　　　　　　　　D. 需求、数量与物品

3. 市场经济最基本的运行机制是（　　）。

　　A. 供求机制　　　B. 宏观调控机制　　C. 价格机制　　　D. 竞争机制

4. 以下不属于社会主义市场经济发展的主要目标的是（　　）。

　　A. 促进经济增长　　　　　　　　　　B. 增加就业

　　C. 稳定物价　　　　　　　　　　　　D. 发展国际贸易

5. 在市场经济条件下，企业的活力取决于（　　）。

　　A. 企业的私有化程度　　　　　　　　B. 国家的经营管理水平

　　C. 劳动者积极性、创造性和主动性的发挥　　D. 企业福利

二、判断题

1. 只有农业和工业是生产的，并且能产生价值，商业只是流通手段，不会真正产生价值。（　　）

2. 在自给自足的自然经济社会中，生产仅仅是为了满足生存需要。（　　）

3. 计划经济比市场经济好，因为计划经济不会有失业和产品过剩。（　　）

4. 市场失灵是指市场本身不能有效配置资源的情况。（　　）

5. 市场配置资源可以调动人们的积极性，推动生产发展。（　　）

4.2　商业基本规律

导入案例

天猫好房——足不出户就可以买房

2020年9月16日，天猫与易居发布战略合作，"天猫好房"平台正式上线。购房者只要打开淘宝App，足不出户就可完成在线选房、看房、签约、支付等环节，买房就像逛天猫商城一样方便。

1. 线上看房成为未来房企发展的新趋势

2020年以来，全国房企前200强中，超过七成推出了网上VR看房、选房、购房等服务。房企快速成为互联网企业，而从淘宝后台数据分析来看，消费者越来越习惯于网上选房、购房。2019年，在淘宝上看房的人有8000万，并在网上成交了约15万套房产。

2. 高效购房免中介将成为线上购房亮点

"天猫好房"依托天猫和易居的数据实力、天猫的流量和客户、易居的行业能力，意在解决交易环节涉及开发商、代理商、中介渠道等机构的痛点，如垄断、恶性竞争、抢单、飞单等问题，有助于真正促进线上交易的成熟。

3. 数据将成为房地产行业的新血液

目前，手机淘宝中已经出现了"天猫好房"频道，点开即可看到以二手房、新房、法拍房等品类为主的房源板块，企业方面，已经入驻了碧桂园、保利发展、世茂集团、中南置地、富力和佳兆业等品牌房企。天猫好房将构建起房源方、客源方和交易服务方共同参与的数字化服务协作机制，承载房源入库、验真包装、营销推广、交易过户等多项交易服务功能。

4. 强强联合筑房地产行业新格局

通过借助易居和各大房地产企业的良好合作关系，天猫可以实现品牌房企的积极入驻，进而形成深度合作，也在供给侧为平台用户提供了更多选择，易居也可以突破传统代理营销模式，在获得天猫强大的流量通道和技术支持后，用户或能获得大幅增长。

案例思考：

大数据将改变房地产行业，电商入局将推动房地产行业利用大数据进行精细化管理，提高交易效率，降低交易成本。

相关知识

一、交易成本

所谓交易成本就是在一定的社会关系中，人们资源交往、彼此合作达成交易所支付的成本，也即人与人的关系成本。它与一般的生产成本（人与自然界关系成本）是对应概念。从本质上说，有人类交往互动活动，就会有交易成本，它是人类社会生活中一个不可分割的组成部分。

交易成本

1. 交易成本的产生

交易成本最早由科斯（Ronald Coase）在 1937 年研究企业性质时提出，是指交易过程中发生的交易对象成本以外的所有成本。科斯认为交易的过程并不完美，真实的市场交易存在各种费用，企业是为了降低每次交易带来的费用而成立的组织。又因为企业的内部管理存在组织协调成本，并且这种成本一般伴随规模的扩大而不断增加，当企业的管理成本大于市场交易成本时，企业的规模就不会再扩大。这被称为交易成本的源头。

1975 年，英国经济学家威廉姆森将科斯的交易成本理论加以发扬光大，提出交易成本包括了关系管理的直接成本与选择次优关系治理决策的机会成本，认为参与交易的当事人之间的交易，通过企业或市场来组织和协调，是个决策变量。究竟选择哪种经济组织形式，取决于不同交易的特征及与每种组织形式相对应的交易费用。

2. 交易成本的分类

一项经由市场的交易活动，其成本除了契约上的采购成本之外，还包括随同契约签订前后所隐含的其他成本。威廉姆森于 1985 年在《资本主义的经济体制》一书中提到，交易成本的内涵缘起于契约的不完全，并依照交易发生即契约签订的前后，将交易成本区分为信息搜集成本、协议谈判成本、契约成本、监督成本及执行契约成本等。

（1）事前成本

事前成本是指在契约签订前发生的交易成本，包含有以下几个方面。

信息搜寻成本：欲进行交易者寻找最适合的交易伙伴，确认对方所能提供的商品或劳务的品质、种类等所发生的种种成本。

协议谈判成本：交易双方由于彼此的不信任及有限理性的影响，常常需要花费大量的协商与谈判的成本。如果交易双方的信息并不对称，则会提高协商与谈判的成本。

契约成本：当交易双方达成协议，准备进行合作时，通常会签订契约。将协议书面化（拟定契约），便会产生契约成本。

（2）事后成本

事后成本是指在契约签订后发生的交易成本，包含以下几个方面。

监督成本：交易双方订定契约之后，为了预防对方由于投机主义产生违背契约的行为，故在订定契约之后，会在执行过程中相互监督所产生的成本。

执行成本：契约订定之后，交易双方相互进行必要的检验以确定对方确实遵守契约，当对方违背契约时，强制对方履行契约所产生的成本。

转换成本：当交易双方完成交易之后，可能持续进行交易。此时若有一方更换交易对象，所产生的成本即为转换成本。

课堂讨论

思考以下成本是否都属于大学生找工作产生的交易成本。

- ◇ 撰写并制作多份个人履历表
- ◇ 搜索获取专业相关的各种招聘信息
- ◇ 参加各类招聘会
- ◇ 各种交通联系费用
- ◇ 正式签订工作合同
- ◇ 合同的执行与监督

拓展阅读

TCL——市场竞争决定多样化交易成本

随着人们收入的增加和生活水平的提高，消费者的行为变得更加个性化，他们希望获得多样化、能体现其个性需求的产品，使得厂商之间的竞争愈加激烈，为了在市场上争得一席之地，其发生的直接和间接交易费用较高。TCL公司近几年来用于人员的网络教育培训费就超过了1.5亿元，平均每个分公司经理的培养成本是50万元。与此同时，在广告费方面更是投入巨额资金，尤其是营销渠道的开发费。TCL公司将全国划分为7

个大区，建立了 32 家分公司，20 家经营部，40 个分销点，20 多个专营连锁店和 800 多个特约维修专营店，并拥有数千家授权经销商。另外，TCL 公司还有租金、价格优惠等方面的支出。归纳起来，这些产生的各种广告费、包装费、运杂费、推销费、价格折扣与折让、销售人员工资福利、租赁费、仓储费、销售税金、销售渠道开发费、销售人员培训费等，都属于企业产品在价值实现环节发生的交易成本。

3. 降低交易成本的方法

只要存在人与人的社会关系，那就一定存在交易成本，所以交易成本是无法彻底消除的，但可以通过降低交易成本增加交易动力，使商业形态更加协调一致，对于企业而言，能够降低交易成本的方法主要有以下 3 种。

（1）隐性成本显性化

大部分的企业内部交易成本在财务报表里往往是隐形的，所谓内部交易成本就是在多个部门、多名员工之间进行协调统筹而发生的成本。当把隐形支出显性化核算时，内部交易成本就更为透明直观，企业也比较容易知道可以节省哪些内部交易成本。

（2）组织结构扁平化

许多公司内部层级繁多，公司管理层级越多，决策链条就越长，决策的速度也就越慢，因此内部交易成本也就越高。现代化的经营管理一般提倡从 CEO 到职级最低的一线员工最多不超过 5 层级别。

（3）决策信息流程化

在企业运营的过程中，决策信息流程越清晰，企业内部沟通时间成本就越低。例如，有些公司频繁开会，有时会议是一种低效的沟通机制，如果必须要开会解决，会议的时间长度往往决定了内部交易成本的高低。信息化的决策流程节约了交易成本，消除了部分信息的不流畅。

🎓 **价值引导**

党的十八届五中全会提出，绿色发展是以效率、和谐、持续为目标的经济增长和社会发展方式。我们每一个人、每一个家庭、每一个单位、每一家公司、每一个政府部门都应该身体力行，节能减排，推动低碳经济。当今世界，绿色发展已经成为一个重要趋势，许多国家把发展绿色产业作为推动经济结构调整的重要举措，突出绿色的理念和内涵。

二、交易决策

通常，人们的交易决策过程中会受到多种心理效应的影响。这些心理效应包括心理账户效应、禀赋效应、锚定效应等。了解这些交易决策心理效应，有助于理解消费者心理，同时也能为企业的产品销售及推广产出更多新思路。

1. 心理账户效应

（1）心理账户效应概念

心理账户效应是由诺贝尔经济学奖得主理查德·塞勒首次提出的概念。心理账户效应理论指出，除了现金这种实际账户外，人的头脑里还存在另一种心理账户。人们会把在现实中客观等价的支出或收益在心理上划分到不同的账户中，然后做出不同的决策。例如，人们会把工资划归到靠辛苦劳动、日积月累下来的"勤劳致富"账户中，把年终奖视为一种额外的恩赐，放到"奖励"账户中，而把买彩票赢来的钱，放到"天上掉下的馅饼"账户中。实际上，绝大多数的人会受到心理账户效应的影响，因此总是以不同的态度对待等值的钱财，并做出不同的决策行为。

（2）心理账户效应应用方法

概念替换：把消费者从一个原本不舍得花钱的心理账户，引导到另一个容易掏钱买单的心理账户。通常人们对于情感维系账户的投资往往大于日常生活中的其他开销。

创造收益：人们会把消费与收益放到两个心理账户，在产品销售的过程中，适当制造折扣或回馈收益，营造收益账户感知，提高消费者的消费动力。

项目打包：把关联的消费项目打包在一起，让消费者只为一件事付费，而在消费的过程中没有明确感受具体某一项目的支出，使得消费变得更合理，减少痛苦的体验。

2. 禀赋效应

（1）禀赋效应概念

禀赋效应是由经济学家理查德·塞勒于 1980 年提出的理论，是指当个人一旦拥有某项物品，那么他对该物品价值的评价要比未拥有之前大大提高。这一现象可以用"损失厌恶"理论来解释，该理论认为一定量的损失给人们带来的效用降低要多过相同的收益给人们带来的效用增加。因此人们在决策过程中对利害的权衡是不均衡的，对"避害"的考虑远大于对"趋利"的考虑。出于对损失的畏惧，人们在出卖商品时往往索要过高的价格。

（2）禀赋效应应用方法

提供免费试用：免费试用是商家赠送给消费者的一份虚拟"所有权"，借助禀赋效应销售产品自然容易许多。

兜售亲身参与：有些时候消费者被邀请参与到商品的生产过程中，这时人们很容易把商品"视若己出"。

夸赞他人拥有：人们对于自己拥有的东西往往更偏爱，夸赞消费者适合产品，告诉消费者值得拥有，这时消费者往往会更想购买。

3. 锚定效应

（1）锚定效应概念

锚定效应是指当人们需要对某个事件做定量估测时，会将某些特定数值作为起始值，起始值像锚一样制约着估测值。人们在做决策的时候，会不自觉地给予最初获得的信息过多的重视。心理学家借用"锚定陷阱"一词来指出人脑活动中的一种有害的思维现象。人们在决策时总是先入为主，偏重于受第一次信息左右。首次印象、最初信息、初始数据常会为随后的思考和判断设置某种框架，形成导向。

（2）锚定效应应用方法

新产品先定位：新产品推出时锚定在哪个细分市场上就会占据消费者心智中的哪个位置。

营销先定量：锚定效应解释了为什么定量购买是一种有效的营销策略，定量购买往往会刺激消费者更快更多地购买。

谈判先开价：先发制人也许是一种更优的选择。利用先入为主思维，先建立起锚定基点定位，形成评价体系，使得其他信息向基点靠拢。

1·2·3 课堂自测

一、选择题

1. 交易成本包括达成一笔交易所要花费的（　　）以外的所有成本。

　　A. 货币成本　　　B. 时间成本　　　C. 交易对象成本　　D. 机会成本

2. 交易成本就是在一定的社会关系中（　　）的关系成本。

　　A. 人与自然　　　B. 人与人　　　　C. 人与商品　　　　D. 人与环境

3. 小张为公司采购了一批办公计算机，完成这次采购的交易成本不包括（　　）。

　　A. 搜寻供应商信息的费用　　　　　B. 双方签约的费用

　　C. 买计算机的费用　　　　　　　　D. 检查安装的时间

4. 人们在做决策时，总会不自觉地给予最初获得的信息过多的重视，这种心理体现了（　　）。

　　A. 心理账户效应　　B. 禀赋效应　　　C. 锚定效应　　　　D. 框架效应

5. 以下不属于心理账户效应应用方法的是（　　）。

  A. 概念替换　　　　B. 创造收益　　　　C. 项目打包　　　　D. 免费试用

二、判断题

1. 一个人的世界中不存在的成本都是交易成本。（　　）

2. 企业是为了降低每次交易带来的费用而成立的组织。（　　）

3. 交易成本可以被降低甚至消除。（　　）

4. 禀赋效应会使我们对自己的东西持有超过正常的评价。（　　）

5. 锚的实质是一个初始参照物。（　　）

📖 综合项目实训

小罐茶——传统茶叶行业的变革者

随着经济的发展，人们的物质生活日益丰富。我国的传统茶叶市场也出现了一些新兴的高端品牌，近几年来最火爆的就是小罐茶。作为全品类高端茶品牌，小罐茶对外宣称联手了8位制茶大师共同打造大师级的中国茶，有西湖龙井制茶大师戚国伟、黄山毛峰传统制作技艺第49代传承人谢四十、中国普洱茶终身成就大师邹炳良等。从2014年成立以来，小罐茶凭借互联网思维，2020年营收达到25亿元。之所以能取得如此大的成功，小罐茶在发展的过程中，离不开精准的市场定位、故事化的品牌营销及高效的运营发展。

精准用户定位，满足受众需求

小罐茶对自己的定位非常明确，它把自己定位为品牌茶，彰显身份和地位。为达到这一目的，小罐茶不惜花费巨资进行小规模的试点，并进行数据回传，从而更加明确了自己的市场定位。小罐茶的目标消费者群体就是有送礼需求的客户不懂茶的客户，通过品牌让客户闭着眼睛买。小罐茶通过统一重量、包装、价格、技术等方面，重塑了中国传统茶的认可度和体验标准，使小罐茶的茶叶标准化和商业化。为了做到这一点，小罐茶邀请了8位顶级的名茶技艺制作非遗传承人出山合作，并给小罐茶贴上了"大师作"的标签。

互联网故事营销，提高品牌知名度

从明确的市场定位开始，找到了核心市场之后，小罐茶开始利用互联网的思维进行广泛的宣传。例如利用各大电视广告媒体以及淘宝、天猫、京东等互联网大型零售平台和爱奇艺、优酷、抖音等流量巨大的 App，配合高大上的广告宣传，使得小罐茶在目标消费者心目中树立了一个高端大气上档次的品牌形象，迅速提高了品牌知名度。小罐茶在进入市场之前就看出了茶叶在现有市场中的消费形式，又深知茶叶的品牌集中度低，于是便树立自身品牌特质，打出了自己的一片天。小罐茶能这么迅速地打开市场，再到后来占据大部分现有的茶叶市场，很大程度上受益于自身完整的互联网品牌营销策略。

高效销售渠道，降低企业交易成本

小罐茶在产品销售的过程中，采用的都是直接销售渠道，包括开设直营门店与线上旗舰店。它在全国一、二线城市均设有直接门店，店面均设置在商场、机场、动车站等人流量较大且拥有一定消费能力的地段。同时，店面的装修也是搭配高端的装修，给人一种高端定位的品牌形象。此外，小罐茶也在淘宝与京东开设了线上旗舰店，通过电商渠道进行产品销售，当有顾客进行订购时，可以由线上直接发货，也可以由就近的门店发货，物流的速度有很大的保障。网上购买这一方式不仅帮助了企业进行产品的推广，也给予消费者更多的选择，通过手指轻轻一点，网上的一次购物就轻松完成，省时省力。

国内的茶叶市场长期处于有品类无品牌，有产地品牌无知名品牌这一困境。传统的茶叶销售模式存在许多弊端，销售环节所耗时间过长会对茶叶的品质产生影响。小罐茶采用新型线上线下混合销售的模式，制定茶叶生产标准，形成企业茶文化品牌故事，实现了中国茶叶品牌化，促进了我国传统茶叶市场的繁荣和发展。

分析：

1. 小罐茶在发展的过程中，有哪些方面体现了它与传统茶叶行业企业的区别。

2. 结合互联网营销的特点，思考小罐茶应该如何降低交易成本，提高运营效率？

3. 通过以上案例，思考小罐茶商业模式的成功对理解商业的本质与规律有哪些启示？

第 5 章
商业模式与创新发展

教学目标

知识目标

了解商业模式的内涵与关键要素

了解传统商业模式

掌握不同类型的电子商务模式

了解商业模式创新的内涵与特征

掌握 O2O 模式的创新价值及应用

了解智慧零售中的商业技术创新

能力目标

能利用六要素商业模式分析法分析企业的商业模式

能识别不同的电子商务模式

能利用 O2O 模式进行商业运营创新

素质目标

培养创新意识、创新精神

具备自我学习、自我提升的能力

思维导图

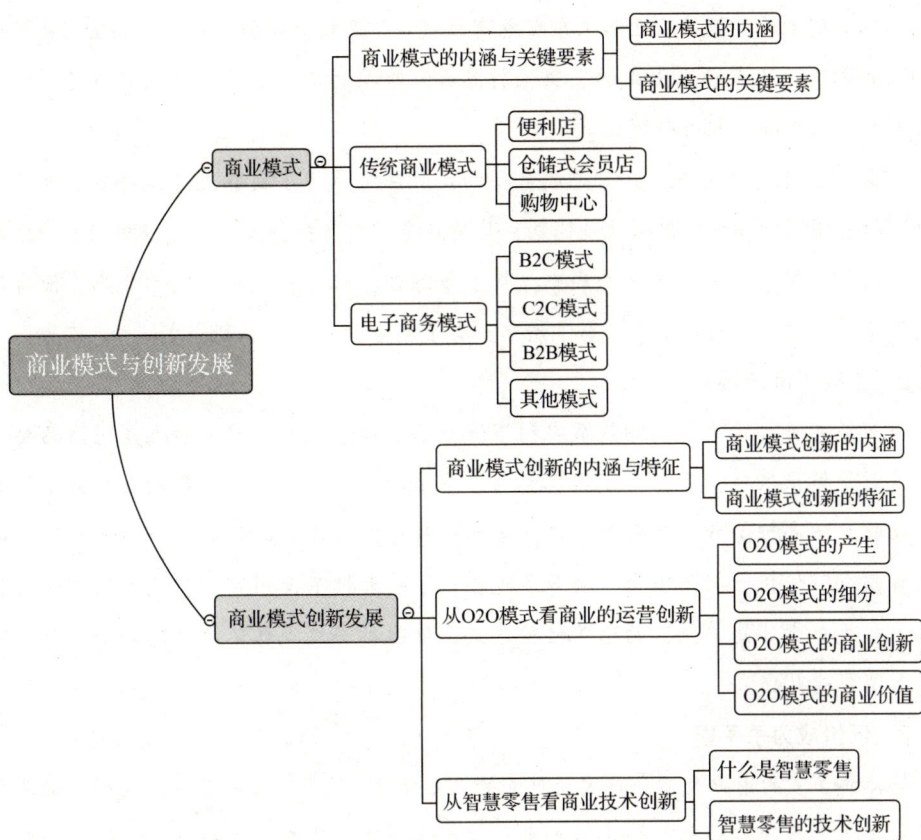

5.1 商业模式

导入案例

拼多多成功了吗?

5 年之前,没人能想到拼多多能有一天打败阿里巴巴。现在,它就真实地发生了。截至 2020 年底,拼多多年活跃买家数达 7.884 亿,比阿里巴巴同期年活跃买家高出 940 万,是京东的 1.67 倍。拼多多 2020 年总营收为 594.92 亿元,同比增长 97%,阿里巴巴同期为 34.02%,京东为 29.8%。也就是说,拼多多已经成为我国电商用户规模最大的平台。在此之前,行业的头牌一直是阿里巴巴。中国电商早就形成了阿里巴巴和京东两家独大的局面,财大气粗的苏宁易购在一旁虎视眈眈,互联网"老玩家"网易开拓出考拉海购,当当网、唯品会等也颇具实力。这个赛道可谓人满为患,被认为是最不可能出现奇迹的互联网板块。不过,2015 年 9 月才成立的拼多多做到了。拼多多不仅活了下来,年活跃买家数还超越了阿里巴巴。拼多多为什么能取得成功？

1. 不可复制的拼团模式

拼多多创立时，阿里巴巴和京东在电商领域是"无敌"级别的存在。淘宝网高、中、低档商品都有，还有独立出来的天猫主打品牌，京东的定位则是只售正品行货。拼多多看似没有空间生存，却另辟蹊径。

电商平台是线上交易，流量是最主要的获胜法宝。为了获取流量，拼多多选择了社交电商和拼团闪购模式。拼团就是团购，其特点是"人多折扣大"，可以把用户的亲戚、朋友、同学、同事变成拼多多的用户。拼多多综合了社交领域和团购的优点，使得用户迅速裂变，规模呈几何级增长。有了用户，有了流量，一切就水到渠成。

2. 主攻下沉市场

拼多多的目标客户是三四线及农村下沉市场人群，这些用户的特点是对商品要求不高但是对价格很敏感，愿意为了优惠参与分享活动。这些低消费人群的人口数量巨大，可支配收入不高但消费欲望强烈。拼多多的小程序低价团购的模式正好迎合了这一群体的消费需求。依托于微信平台，拼多多挖掘出了一大批不使用淘宝但使用微信的消费空白客户，再加上其简单便捷的选购付款方式，使得对手机操作不太熟悉的中老年人有机会加入消费者队伍。

3. 低价成为杀手锏

选择拼多多的用户大部分是因为里面的商品便宜。低价不是拼多多成功的全部原因，但绝对是重要原因。随着人们生活水平和收入的提高，消费升级一直是热议的话题。在选择商品时，高品质、高档次、高价位是很多消费者考虑的因素，特别是一线城市收入较高群体。一线城市消费者在支出方面也可能会精打细算。拼多多更多的消费者还是在下沉市场，价格往往是首先考虑的因素。拼多多平台商品的价格相对于其他平台具有一定优势。

4. 百亿元真补贴

如此低价，入驻商家岂不是要亏损累累？2019年5月，拼多多宣布推出"美好生活万人团"活动，计划联合品牌方投入百亿元补贴上万款产品。在"6·18"大促时，拼多多启动了"百亿补贴"活动，联合品牌为多款产品提供现金补贴，参与活动的产品多为热门、高关注度、高单价的产品，如iPhone、戴森吹风机、海蓝之谜等；"百亿补贴"活动花费了真金白银，但也换来了巨大的流量和用户。

5. 分销新模式

在传统经销模式中，产品要经过供货商、总经销商、分销商、零售商等层层环节才能销售给客户。多层次的经销体系使产品的最终价格较高，而拼多多的团购模式使其能在短时间内获得大批量的订单，以大需求去撬动生产商，打通供应链，减少中间环节的成本，避开复杂的经销网络，从而使得产品的价格更加低廉。尤其在农产品上行方面，拼多多的这种拼团模式取得了巨大成功。

虽然拼多多拥有了第一的流量，营收猛增，但 2020 年的净利润依然是负数。如何盈利，何时实现盈利依然是摆在拼多多面前的一道难题。目前来看，拼多多的"烧钱"策略还将继续。大规模的"烧钱"是为了实现两个目标：一个是对下沉市场的防守，正面对抗淘宝特价版和京东的京喜；另一个是用补贴把高客单价的产品价格降下来，以攻打一二线城市。拼多多超越阿里，只是在年活跃买家上取得了胜利，电商平台的争夺还远远没有结束。

案例思考：

拼多多在年活跃买家上超过阿里、京东的原因是什么？拼多多又面临哪些危机？什么是商业模式？试分析一个企业商业模式包括的关键要素。

相关知识

一、商业模式的内涵与关键要素

商业模式是一切商业行为的核心及立足之本，没有好的商业模式，再美好的商业行为都将失去存在的价值。

1. 商业模式的内涵

简而言之，商业模式就是公司通过什么途径或方式来赚钱。例如，饮料公司通过卖饮料来赚钱；快递公司通过送快递来赚钱；房地产公司通过卖房赚钱；超市通过平台和仓储来赚钱；等等。只要有赚钱的地方，就有商业模式的存在。

如果从商业运营的角度理解，商业模式就是一个企业满足消费者需求的系统，这个系统组织管理企业的各种资源（包括资金、原材料、人力资源、作业方式、销售方式、信息、品牌和知识产权、企业所处的环境、创新力，又称输入变量），形成能够提供消费者无法自给而必须购买的商品和服务（又称输出变量），因而具有自己能复制且别人不能复制，或自己在复制中占据市场优势地位的特性。

2. 商业模式的关键要素

关于商业模式的结构化分析有两种：一种是围绕企业的运营资源来分析，属于物的分析层面，重视资源、渠道、成本、优势等物的要素；另一种是围绕各环节人的因素及行为动机进行分析，考虑如何安排商业交易中各个环节人的利益诉求，建立一种均衡的利益模式。从人的分析层面来看，商业模式的设计应该考虑的是企业与其利益相关者（包括客户、供应商、渠道、政府、投资者、外协者等）的交易结构。在此定义基础上，清华大学经济管理学院的朱武祥教授提出了著名的六要素商业模式分析法。

（1）业务系统

业务系统即企业选择哪些行为主体作为其内部或外部的利益相关者。业务系统由构型、角色与关系3部分组成。构型指利益相关者及其连接方式所形成的网络结构；角色指拥有资源能力的利益相关者；关系指利益相关者之间的治理关系，主要描述控制权和剩余收益索取权等权利在利益相关者之间如何配置。这3部分的不同配置会影响整个业务系统的价值增值能力。

（2）定位

定位即企业满足利益相关者需求的方式。不同的满足用户的方式，是商业模式定位的差异。商业模式定位必须清楚地定义目标用户、用户的问题和痛点、独特的解决方案，以及从用户的角度来看，这种解决方案的净效益。例如，拼多多通过微信小程序切入用户，充分满足下沉市场用户的低价消费需求。

（3）盈利模式

盈利模式即以利益相关者划分的收支来源及相应的计价方式。同一个产品，收入来源有多种，计价方式也有很多种。同样的，成本项目的计价方式也有很多种。例如，淘宝网、京东商城这样的电商平台，其收入来源有广告费、商户入驻费、交易佣金、技术服务费等。以广告费为例，其计价方式有千次展现收费（CPM）、单次点击收费（CPC）、固定时长收费（CPT）、销售提成收费（CPS）等。

（4）关键资源能力

关键资源能力即支撑交易结构的重要资源和能力。不同的商业模式要求企业具备不同的关键资源能力，如关键技术、生产过程、销售方式、资金来源、人力资源等。

（5）现金流结构

现金流结构即以利益相关者划分的企业现金流入结构和流出结构。同一个盈利模式可以对应不同的现金流结构。例如，同样是手机充值，可以预存话费，也可以月结。前者是先收费后服务，后者则是先服务后收费。

（6）企业价值

评判商业模式优劣的最终标准就是企业价值的高低。从投资的观点来看，一个企业的价值，实质上是指这个企业未来可持续的赚钱能力，其量化评价指标主要包括总资产回报率、销售利润率、销售额复合增长率等。

✏ **课堂讨论**

　　请使用六要素商业模式分析法对拼多多的商业模式进行剖析，你认为拼多多未来盈利能力如何？

📚 **拓展阅读**

蛋壳公寓"暴雷"的启发

　　2020 年 11 月 6 日，央视点名"蛋壳公寓"（以下简称蛋壳），称其"深陷流动性危机"。后续，北京总部的蛋壳"全链条维权"，包括租客（租金）、房东（房租）、供应商（货款）及内部员工（工资）；北京市住房和城乡建设委员会针对蛋壳成立专办小组；成都等地分公司疑似人去楼空。蛋壳一时间成了"热搜话题"。

　　处在这起风暴中心的是中国房屋租赁平台蛋壳。这个以长租为特色的平台自称累计服务客户超过一百万人，是中国第二大长租公寓平台。蛋壳号称"用互联网方式改造传统的住房租赁行业"，"诚信签约，稳定长租"。"0 中介费，拎包入住，省时省心"，蛋壳在官方网站上这样介绍自己的服务。蛋壳主要面向北、上、广、深等中国一线与新一线城市。这些地方年轻人聚集，租住公寓的需求量大。蛋壳会将从房东处租得的房源装修配备家电，还提供清洁服务，相关交易通过互联网平台操作，让租客可以直接"拎包入住"，受到许多工作繁忙的年轻人的欢迎。

　　蛋壳"暴雷"的根本原因在于这家公司的商业模式。与一般房屋租赁中介不同，蛋壳采用的是"分租＋租金贷"，即"房产＋金融"的形式，与业主、租客、银行形成一个四角关系。在这个四角关系中，蛋壳通过一次性从租客处收取长期租金，但以单月向房东付款的方式，将租客所交的大部分资金长期掌控在自己手中，然后使用这些资金进一步寻找与装修其他房源，不断扩大自己的市场。出租时，蛋壳会以低价为诱饵，诱导租客长期租赁，例如一次租一两年，把租金一次性全付了就可以享受低价。租客如果没钱，可以和银行签署一份贷款合同（租金贷），钱一次性给蛋壳，然后蛋壳分期付给房东。这样一来一去，一快一慢，蛋壳就给自己截留了一个偌大的资金池。

　　在蛋壳的商业模式中，蛋壳的本质就是一个二房东，主要利润来源就是租金差价。但是蛋壳为了抢占市场，做成了高买低卖，使得蛋壳的商业模式无法从主营业务中赚到钱。其中缘由并非经营不善，而是定价存在问题，就像 1 元钱的东西，卖了 7 毛钱，还没算营销费用、管理费用和利息费用。为了持续运营，蛋壳只有不停从租客、投资机构和金融机构手中获得资金，才能维持资金链不断裂。2020年租客骤降，蛋壳的营收受到重大冲击，但运营成本，如房东的月租费、房屋装修保养费、日常运营管理费用等丝毫没有降低。商业模式的不合理最终导致蛋壳资金链断裂，深陷流动性危机。2021年4月6日，纽交所宣布暂停蛋壳公寓交易，并启动退市程序。

🎓 价值引导

自"蛋壳事件"发生以来，党中央和政府相关部门高度重视。2020年12月3日，在住房和城乡建设部召开的座谈会上，国务院副总理韩正表示，要完善相关法规和政策，加强日常监管，促进住房租赁市场健康发展。2021年3月6日，《政府工作报告》强调，要解决好大城市住房突出问题，要规范发展长租房市场，降低租赁住房税费负担，尽最大努力帮助新市民、青年人缓解住房困难。住房问题就是民生问题，更牵涉到就业、人才、教育等一系列问题。政府工作报告将目光瞄准了大城市住房突出问题，体现了政府对民情的体恤，对年轻人、新市民的关切，彰显了中央政府对改善民生的"大决心"和"小细节"。而企业在追求商业利益的同时，更要承担起一份社会责任。

✏️ 课堂讨论

互联网创业中有一种免费商业模式，即通过"烧钱"和补贴招揽用户，通过免费或低价迅速抢占用户，占领市场，进而掌握定价权，实现先免费再收费的目标。拼多多等巨头均是通过免费补贴模式击败竞争对手的。为什么这种商业模式在蛋壳身上失灵了？

二、传统商业模式

最古老也是最基本的商业模式就是"店铺模式"，具体而言，就是在具有潜在消费者人群的地方开设店铺并展示其产品或服务。

国家标准《零售业态分类》（GB/T 18106—2004）将零售业态从总体上分为有店铺零售业态和无店铺零售业态两类，并按零售店铺的结构特点，根据其经营方式、商品结构、服务功能，以及选址、商圈、规模、店堂设施、目标顾客和有无固定营业场所进行分类的原则，将零售业态分为食杂店、便利店、折扣店、超市、大型超市、仓储会员店、百货店、专业店、专卖店、家居建材商店、购物中心、厂家直销中心、电视购物、邮购、网上商店、自动售货亭、直销、电话购物共 18 种零售业态（"直销"后被删除）。下面简单介绍几种日常生活中常见的零售业态。

1. 便利店

便利店是指以满足便利性需求为第一宗旨，营业面积一般不大，通常在 100m² 左右，采取开架自选式购物方式的小型零售店。便利店在选址上以商业中心区、交通要道、学校、医院、车站、娱乐场所、办公室、加油站等公共活动区为主，与超市相比，便利店在距离上更靠近消费者，一般步行 5 分钟左右便到达。便利店目标顾客以单身者、年轻人为主，经营商品以即时食品、日用小百货为主，商品价格通常高于市场平均价。便利店营业时间通常在 16 小时以上，并且提供即时食品加热等多项便利服务。便利店通常采用加盟连锁经营模式，信息化管理程度较高。知名的便利店加盟品牌有罗森、7-11 等。

2. 仓储式会员店

仓储式会员店是一种带有批发性质的批售式商店，通常也称为仓储式超市。仓储式会员店选址通常在城乡接合部的交通要道，辐射半径 5km 以上，目标顾客以中小型零售店、餐饮店、集团购买和流动顾客为主，营业面积在 6000m² 以上，并设与营业面积相当的停车场。仓储式会员店注重自有品牌开发，所经营的商品种类丰富齐全，满足一次性购齐的需求，经营方式为自选销售，出入口分设，在收银台统一结算。仓储式会员店信息化管理程度较高，并对顾客实行会员制管理。知名的连锁会员制仓储式超市品牌包括开市客（Costco）、麦德龙、山姆等。

3. 购物中心

购物中心（Shopping Mall）是指多种零售店铺、服务设施集中在一个建筑物内或一个区域内，向消费者提供综合性服务的商业集合体。这种商业集合体内通常包含数十个甚至数百个服务场所，业态涵盖大型综合超市、专业店、专卖店、饮食店、杂品店及娱乐健身休闲场所等。从严格意义上讲，购物中心不是一种商业业态，而是一种有计划地实施的全新的商业聚集形式，有着较高的组织化程度，是业态不同的商店群和功能各异的文化、娱乐、金融、服务、会展等设施以一种全新的方式有计划地聚集在一起。它通常以零售业为主体。与自发形成的商业街相比，购物中心在其开发、建设、经营管理中，均是作为一个单体来操作，一般是物业公司建楼、出租场地，专业商业管理公司实行统一招租、管理、促销，承租户分散经营。近年来，购物中心建设在我国方兴未艾，项目兴建如火如荼，不仅一线城市的购物中心建设纷纷上马，二、三线城市也不甘落后，各地购物中心如雨后春笋。由于购物中心的发展速度过快、重复建设等问题，再加上天猫、京东、苏宁易购等线上购物平台对线下的冲击，很多购物中心招商困难，门庭冷落。

✏️ **课堂讨论**

Costco 商业模式为什么能在欧美市场取得巨大成功？你认为 Costco 能否适应中国市场并取得长久发展？

三、电子商务模式

电子商务模式是指在网络环境和大数据环境中基于一定技术基础的商务运作方式和盈利模式。常见的电子商务模式有 B2C、C2C、B2B、O2O、C2B 等，其中每一种模式还可以进行细分，不同的模式也可以进行组合，从而形成了丰富多彩的电子商务业务运营。

电子商务模式

1. B2C 模式

B2C 是 Business-to-Customer 的缩写，中文简称为"企业对消费者"，即企业通过互联网为消费者提供一个新的购物环境——网上商店，消费者通过网络进行购物、支付等消费行为。例如，亚马逊（Amazon）就是世界上第一个 B2C 网站，它的创始人杰夫·贝索斯也被称为"电子商务之父"。如果按照 B2C 网站销售的商品种类进行细分，B2C 网站可以分为两类。

（1）综合百货 B2C 网站

这类网站向消费者提供不同行业的各种类型的商品，如天猫、京东、亚马逊等。综合百货 B2C 网站强调发挥自身的渠道品牌影响力，与不同品类的供应商合作，拓宽产品线，为消费者提供一站购齐的服务。网站需要在商品陈列展示、信息系统智能化等方面强化，同时还要强调精细的客户体验和物流配送服务质量。

（2）垂直专卖 B2C 网站

这类网站只向消费者提供某一细分类目的商品，如钻石小鸟网站只卖和钻石相关的商品。垂直专卖 B2C 网站强调在某一细分领域的深挖，包括与供应商的深度合作，个性化的产品定制，完善的售前、售中、售后服务等。

有些 B2C 网站是从某一细分行业起步，慢慢发展成综合百货类 B2C 的。例如，京东是从 3C 数码起步的，当当网是从图书起步的，现在这两个网站都发展成了综合百货 B2C 网站，但依旧保持了在细分行业中的优势，并成为网站的一个经营特色。

2. C2C 模式

C2C 是 Customer-to-Customer 的缩写，中文简称为"消费者对消费者"，它是消费者个人间的电子商务活动。相对于 B2C 网站，C2C 网站的交易更加灵活有趣，出售的商品可以是全新的，也可以是二手的，交易方式可以是一口价方式，也可以是拍卖方式。

eBay 是世界上第一个 C2C 网站，它的创始人是硅谷软件工程师皮埃尔·奥米迪亚，他的女朋友酷爱皮礼士糖果盒，却因找不到同道中人交流而苦恼，于是奥米迪亚搭建了一个方便收藏家和爱好者交流的拍卖网，这就是 eBay。

我国的第一个 C2C 网站是易趣网，成立于 1999 年。2003 年淘宝网成立，开启了我国 C2C 模式的新局面。2006 年，腾讯推出拍拍网。2008 年，百度推出百度有啊。在经历了激烈的竞争后，易趣网、拍拍网、百度有啊这些 C2C 网站均已消失，只剩下淘宝网这一"巨头"。随着社交软件和移动电子商务的发展，一些新型的 C2C 交易平台又出现了，如基于微信平台的个人微店、基于抖音平台的个人抖音小店。相对于淘宝网以平台为中心的 C2C 模式，个人微店、个人抖音小店是一种以粉丝为中心的 C2C 模式。

3. B2B 模式

B2B 是 Business-to-Business 的缩写，是指企业与企业之间通过互联网，进行数据信息的交换、传递，开展交易活动的商业模式。B2B 模式最早可以追溯到 EDI，即企业之间的电子数据交换。国内最知名的 B2B 网站是马云于 1999 年创办的阿里巴巴，致力于"让天下没有难做的生意"。根据服务领域不同，B2B 模式的电子商务网站可以分为以下两类。

（1）综合 B2B 网站

该类网站面向所有行业内的企业提供服务，如阿里巴巴、中国制造网等。用户在这类网站上可以查询到各行各业的企业产品信息。

（2）垂直 B2B 网站

该类网站只面向某一细分行业的企业提供服务，如中国化工网、我的钢铁网等。

4. 其他模式

（1）O2O 模式

O2O 即 Online-to-Offline，是指将线下的商务机会与互联网相融合，这是一种全新的商业模式变革，改变了传统互联网的商业形态，实现了虚拟经济和实体经济的深度结合。我们将在"商业模式创新发展"这一节中深入剖析 O2O 模式。

（2）C2B 模式

C2B 即 Customer-to-Business，这是以消费者为主导的商业模式，典型应用包括团购、个性化定制服务等。

（3）G2C 模式

G2C 即 Government-to-Customer，这是政府对个人的电子商务模式，如各类电子政务服务平台。

（4）B2B2C 模式

B2B2C 是企业对企业对个人的电子商务模式。例如，各类分销零售平台，打通了从供应商到分销商、零售商，再到终端消费者的数字化交易链条。

拓展阅读

让天下没有难做的生意——阿里巴巴集团的商业版图

阿里巴巴集团是以马云为首的 18 人于 1999 年在浙江省杭州市创立的公司。阿里巴巴集团经营多项业务，包括淘宝网、天猫、聚划算、全球速卖通、阿里巴巴国际交易市场、1688、阿里妈妈、阿里云、蚂蚁金服、菜鸟网络等。阿里巴巴已经形成了一个通过自有电商平台沉积，以及 UC、高德地图、企业微博等端口导流，围绕电商核心业务及支撑电商体系的金融业务，以及配套的本地生活服务、健康医疗等，囊括游戏、视频、音乐等泛娱乐业务和智能终端业务的完整商业生态圈。这一商业生态圈的核心是数据及流量共享，基础是营销服务及云服务，有效数据的整合抓手是支付宝。

课堂讨论

调研阿里巴巴旗下不同的电子商务平台，分析其电子商务模式、主要业务内容和盈利方式。

价值引导

平台企业是互联网经济背景下新兴的市场主体，是科技创新和经营模式创新相结合的产物。平台企业充分利用数据资源等关键生产要素，借助网络载体，在不断进步的信息通信技术推动下，在经济生活的各个领域和环节发挥着重要作用，显示出传统企业难以企及的竞争优势和资源配置效率。与此同时，平台企业在经营过程中凭借数据、技术、资本优势，在不断优化的算法和不断提升的算力加持下，频频实施排除限制竞争、侵害消费者利益的行为，如"二选一""大数据杀熟""自我优待""扼杀性收购"等。平台企业的垄断与反垄断问题成为社会关注的焦点。2020 年中央经济工作会议提出，公平竞争是互联网行业持续健康发展的重要前提。要实现互联网行业持续健康发展，必须加强互联网领域反垄断监管，健全市场竞争规则，营造公平竞争的市场环境，持续激发企业的创新活力和发展动力，维护消费者合法权益。平台企业也应用更高质量的创新来证明自己的价值，践行社会责任，提高核心竞争力，让大众进一步享受到科技进步、产业变革带来的实实在在的红利。（来源：《强化反垄断 实现竞争和创新的良性互动——访中国政法大学副校长、国务院反垄断委员会专家咨询组成员时建中》，光明日报，记者陈晨，2021 年 1 月 31 日）

课堂自测

一、选择题

1. Costco 的零售业态是（　　　）。
   A. 仓储式会员店　　　　　　　　　　B. 便利店
   C. 工厂直销中心　　　　　　　　　　D. 网上商店

2. 随着电子商务的发展，出现了多种交易模式，B2B 模式指的是（　　　）。
   A. 个人对个人　　B. 企业对政府　　C. 企业对个人　　D. 企业对企业

3. 以下不属于 B2C 电子商务购物网站的是（　　　）。
   A. 当当网　　　　B. 1688　　　　C. 京东　　　　D. 天猫

4. 著名的亚马逊（Amazon）的电子商务模式是（　　　）。
   A. B2B 模式　　B. C2C 模式　　C. B2C 模式　　D. B2G 模式

5. （多选）商业模式的关键要素包括（　　　）。
   A. 业务系统　　　B. 定位　　　　C. 盈利模式
   D. 关键资源能力　E. 现金流结构　F. 企业价值

二、判断题

1. 便利店由于规模小，提供商品和服务有限，将被网上商店逐步代替。（　　　）

2. 简言之，商业模式就是公司通过什么途径或方式来赚钱。（　　　）

3. 某些电商平台要求入驻商家"二选一"，这种利用平台优势地位强迫商家只能入驻一个平台的做法违反了《电子商务法》和《反垄断法》的规定，属于不正当竞争行为。（　　　）

4. 消费者需求在先，企业组织生产在后，是 C2B 的主要特征。（　　　）

5. 不管电子商务如何发展，电子商务模式始终只有 B2B、B2C 和 C2C 3 种。（　　　）

5.2 商业模式创新发展

👤 导入案例

盒马鲜生——变革带来的新零售运营之路

盒马鲜生是阿里巴巴公司旗下企业，该企业运用了新零售业态形式，即通过大量的技术研发重构传统的零售业。相较于传统零售，新零售其实就是更高效率的零售，更有效率地为顾客创造价值，同时提升企业自身运行和资金效率。盒马鲜生的新零售业态在用户定位、选购、结算及服务模式中得到了充分体现。

1. 精准的用户定位

随着社会的发展，以用户为中心、以人为本的企业经营理念越来越得到重视，大数据时代，商家比消费者自己都了解消费者。这其实也就是新零售的核心诉求——无限逼近消费者内心需求。精准的定位用户群是准确把握消费者需求的关键。

盒马鲜生通过技术分析及线上线下服务，主要集中服务于以下三类生活关系。

子女和父母的关系：工作忙碌的子女没时间看望父母，通过盒马鲜生给父母送去水果、蔬菜和日用品等，带去温馨和便利。

媳妇和婆婆的关系：职场中的媳妇通过盒马鲜生订购蔬菜、水果送给在家的婆婆，减轻婆婆买菜、做饭与带孩子的忙碌负担，还可以根据自己的口味挑选喜欢的产品。

白领和阿姨的关系：白领可以自己通过线上采购选购食材，解决由阿姨采购食材可能带来的问题。

在明确了以上 3 类生活关系为主要服务目标后，结合目标对象的需求，盒马鲜生推出了在线选购、30 分钟送达等相应的服务。

2. 用 App 选购和结算的方式

不管是线下或线上购物，消费者都需要用盒马鲜生的 App 进行购物和结算。不论是在线上或线下，通过 App 进行购物实现了多种购物方式的融合。此外，利用 App 结算可以掌握具体的消费信息，了解消费者的偏好，定制相关推送，甚至是 App 的定制化，实现与消费者的强联系。不同于传统超市，在盒马鲜生店内一边逛、一边就能结账，买完还能接着逛，而不是非得最后一起结算，这些都是 App 结算带来的便利。

3. 零售＋餐饮的服务模式

传统的超市是购物的场所，但盒马鲜生是线下体验和线上销售并驾齐驱。盒马鲜生开创式地提供了"前店后厨"的零售＋餐饮的服务模式。

消费者可以通过 App 扫描告知餐饮后厨具体的就餐人数，在门店内挑选食材，在系统中挑选烹饪方式和口味，然后在系统自动分配的就餐座位上等待就餐。

盒马鲜生采用了超市的价格做餐饮，把高端的食材平民化，挤压了利润空间，将真正的实惠和新鲜回馈给了消费者。

案例思考：

盒马鲜生的商业模式，与传统线下零售业态和传统互联网商业形态相比，有哪些创新？你认为商业模式创新一般具备哪些特征？

相关知识

一、商业模式创新的内涵与特征

随着互联网、物联网、大数据、人工智能等技术的普及应用，大量新的商业实践成为可能，商业竞争环境更加捉摸不定，无论是准备创业的人，还是已有企业的人，这些都激励他们在这个经济变革时期，从根本上重新思考企业赚钱的方式，重新思考企业的商业模式，商业模式创新开始受到重视。

1. 商业模式创新的内涵

商业模式创新是指企业价值创造基本逻辑的变化，即把新的商业模式引入社会的生产体系，并为客户和自身创造价值。通俗地说，商业模式创新就是指企业以新的有效方式赚钱。新引入的商业模式既可能在构成要素方面不同于已有商业模式，也可能在要素间关系或动力机制方面不同于已有商业模式。

例如，1995 年亚马逊网站创办之初，通过网络卖的书和其他零售书店没什么不同，但它卖的方式全然不同，并从此开创了全新的电子商务模式，在世界各地掀起了电子商务应用热潮，我国也诞生了阿里巴巴、京东、拼多多、美团等一大批电子商务巨头。

又如 1995 年全球第一家网络银行"安全第一网络银行"（Security First Network Bank，SFNB）在美国诞生，这家银行没有总部大楼，没有营业部，只有网址，员工也只有 10 人，所有交易都是通过网络进行的，虽然 SFNB 的存款额在全美银行界微不足道，但它的存在开创了网上银行这样一种崭新的商业模式，给世界金融界带来了极大的震撼。

2. 商业模式创新的特征

商业模式创新一般包括开发出新产品、推出新的生产方法、开辟新市场、获得新原料来源、采用新的产业组织形态等类型。相对于这些传统的创新类型，商业模式创新还有以下几个明显的特征。

（1）更注重为客户创造价值

商业模式创新思考的起点是如何满足客户的需求，这点明显不同于技术创新。技术创新的视角通常是从技术特性与功能出发，看它能用来干什么，去找它潜在的市场用途。商业模式创新即使涉及技术，也多是与技术所蕴含的经济价值及经济可行性有关，而不是纯粹的技术特性。

（2）更多表现为多要素关联的集成创新

商业模式创新常常涉及商业模式多个要素同时大的变化，需要企业组织的较大战略调整，是一种集成创新。商业模式创新往往伴随产品、工艺、组织架构、业务流程的创新；反之，则未必足以构成商业模式创新。如开发出新产品或新的生产工艺，就是通常认为的技术创新。当然，商业模式的创新通常会伴随着技术创新。

（3）能给企业带来更持久的赢利能力

商业模式创新提供了全新的产品或服务模式，由于它更为系统和根本，涉及多个要素的同时变化，所以，它也难以被竞争者模仿，常给企业带来战略性的竞争优势，也能给企业带来更持久的赢利能力。

拓展阅读

抖音、快手的电商策略是什么？

当我们以为淘宝网、京东、拼多多已经将电商市场三分天下，新平台很难跑出的时候，一场新老电商的对决战已经悄然打响。从2020年开始，抖音、快手这两个短视频平台已经在电商领域取得了很不错的成绩，甚至连B站、小红书、知乎等平台也开始布局自己的电商业务。对于老牌电商来说，依靠平台自身吸引大把流量的时代已经过去，大块的流量被抖音、快手、小红书等带有分享属性的平台瓜分。这些平台在经历成长之后，个个掌握丰沛的流量，并且拥有资金和能力将这些流量转化为自己的忠实买家，于是这些平台开始自己搭建电商平台，将用户流量转移到自身的电商体系之中。与传统电商平台不同的是，抖音、快手打造的是"内容＋私域流量"的电商模式。具体来说，这种模式就是集"种草、拔草"为一体，通过短视频、直播等内容吸引消费者进入，在尽可能少的环节中让消费者完成消费。这种电商模式的变革，将传统电商的货架展示变成内容输出，将购物交易变成关系链接，将"人找货"变成"货找人"，让电商从以往的满足需求转型到创造需求，通过内容来刺激私域流量和存量用户，为平台的电商业务提供了更好的稳定性。

✏️ **课堂讨论**

抖音、快手的电商模式与淘宝网、京东、拼多多等传统电商平台相比，有何创新之处？在竞争的冲击之下，传统电商平台也在强化直播、短视频等内容的输出，你认为新老电商的对决结果将会怎样？

二、从 O2O 模式看商业的运营创新

在传统的商业模式下，企业的生产或服务都在线下进行，销售在线下的实体门店中进行，获客来源主要有传统的广告、宣传与口碑效应，这种模式即为纯线下模式。

自互联网商业化以来，互联网基本围绕产品或服务的销售进行，无论是搜索、门户、社交、视频、电商，都是直接或间接为销售产品或服务提供连接。以电商为例，第一代电商网站基本都是以提供在线销售服务为主，即纯线上模式。

纯线下模式和纯线上模式在很长一段时间内是互相竞争、水火不融的局面，而 O2O 模式的产生，则改变了长久以来这种恶性竞争的局面，实现了线下模式和线上模式的互相融合、互相补充。

1. O2O 模式的产生

随着移动互联网的发展，无论是传统商业模式还是传统电商模式，其原有的获得消费者的模式已经发生了深刻的变革，形成了线上线下融合的 O2O 模式。

O2O 模式包括 Online to Offline 和 Offline to Online。即 O2O 模式主要有两大应用趋势，一种趋势是传统电商从线上到线下，另一种趋势是传统产业从线下到线上。线下的优势在于消费者的服务和体验，线上的优势在于传播和沟通。传统商业模式和传统互联网商业形态将在 O2O 模式的融合中取长补短。

2. O2O 模式的细分

根据商品形态的不同，O2O 模式可以细分为实体商品 O2O 和生活服务 O2O。

实体商品 O2O 主要实现了线上网店和线下实体店的业务融合，为消费者提供了虚实结合的消费场景。例如，消费者线上购买或预定商品，到线下实体店取货，或消费者通过线下实体店体验并选购商品，通过线上下单支付的方式购买。

生活服务 O2O 则利用互联网对日常生活、学习、出行等方式进行改造，出现了"互联网 + 餐饮""互联网 + 旅游""互联网 + 教育""互联网 + 住房""互联网 + 医疗"等各类线上线下融合的应用，使互联网深入到实体经济之中，实现了互联网与传统行业的深度融合。例如，美团是目前国内大型生活服务 O2O 平台，提供餐饮、娱乐、教育、出行等各类

生活服务产品，平台拥有 6 亿独立用户，是网民重要的生活消费决策入口和内容分享平台。图 5-1 为美团的网站首页，以美团美食为例，消费者可以体验从发现好店、决策选择、线上订座、在线支付、到店消费到线上点评的完整 O2O 服务闭环。

图 5-1　美团网首页

3. O2O 模式的商业创新

O2O 模式是一种新的商业变革，它改变了传统互联网的商业形态。传统互联网基本上是虚拟经济，与线下融合较差，与实体经济没有强关系。O2O 模式的出现，使得电商和传统商务从相互对立、相互竞争走向相互融合、相互促进。O2O 模式的应用非常灵活，人、货、场的交叉关联，虚实结合的消费场景，线上线下深度融合的业务处理，这里既有商业流程的重组，又有管理手段、技术手段的优化。

O2O 模式的创新，包括流量引入方式、支付下单习惯、实体店的信息化管理、线上线下销售渠道的数字化打通等方面，是多要素关联的集成创新，将为企业带来更持久的赢利能力，为客户创造更大的价值。

4. O2O 模式的商业价值

O2O 模式的商业价值在于传递消费者需求与传递商家服务的价值，把实体与虚拟打通，实现互联网与实体销售渠道的完美对接。O2O 模式将线上消费者与线下服务连接起来，给平台服务商带来了巨大的商机，线上平台已经成为互联网巨头争夺的重要市场。下面以生活服务 O2O 为例，说明如何实现本地商家、消费者、平台服务商之间的"三赢"。

（1）对本地商家而言

本地商家利用 O2O 模式，通过线上平台吸引流量，扩大销售范围，消费者到店消费后，一般选择线上支付，支付信息会成为商家收集消费者购买数据的重要渠道，进而达成精准营销的目的，更好地维护客户并形成复购。

（2）对消费者而言

O2O 提供丰富、全面、及时的商家折扣信息，用户评价信息，地理位置信息等，方便消费者快捷筛选并决策。

（3）对平台服务商而言

平台服务商通过 O2O 模式给本地商家导入线上流量资源，又通过线下消费体验获得大规模高黏度的消费者数据资源，通过大数据分析帮助商家进行精准营销，提高支付转化率，从而吸引更多商家入驻平台，通过收取商家的平台入驻费、交易佣金、广告费等进行盈利。

O2O 运营
模式创新

拓展阅读

O2O 模式实操案例——烤肉店

"90 后"小爱新开了一家烤肉店，想通过 O2O 模式吸引线上客流到店消费，他应该怎么操作呢？具体可以分为 5 个步骤。

第一步：引流

线上平台作为线下零售决策的入口，可以汇集大量有消费需求的消费者，或引发消费者的线下消费需求，小爱可以通过美团、大众点评、饿了么、口碑等各类线上平台提交店铺信息，在买家搜索时出现在附近的商铺信息列表中。

第二步：转化

小爱通过线上平台向消费者提供详细的店铺及产品信息、优惠信息（如优惠券）、评价信息、便利服务信息（如停车服务），方便消费者搜索、对比商铺，并最终帮助消费者选择线下商铺，完成消费决策。

第三步：消费

消费者利用线上获得的信息找到小爱的烤肉店，到店消费，通过线上支付完成订单结算，小爱获得消费者的详细购买数据。

第四步：反馈

消费者将自己的消费体验反馈到线上平台，有助于其他消费者做出消费决策。线上平台通过梳理和分析消费者的反馈，帮助商家进行精准营销，吸引更多的消费者使用线上平台。

第五步：复购

小爱通过各类线上平台或社交软件和消费者建立沟通渠道，不断增进与消费者的关系，形成消费者复购。

✏️ **课堂讨论**

在小爱的烤肉店经营模式中，除了要有过硬的菜品和服务之外，利用 O2O 模式引流是非常关键的一步。请调查阿里巴巴旗下的口碑品牌饿了么主要通过哪些流量入口为商家导入流量，美团又通过哪些流量入口为商家导入流量。

🎓 **价值引导**

创新是一个民族进步的灵魂，是一个国家兴旺发达的不竭源泉，也是中华民族最鲜明的民族禀赋。创新可以包括很多方面，如商业模式创新、技术创新、管理创新。O2O 模式重塑的新商业生态不仅仅是商业模式创新的壮举，同时也倒逼企业进行技术创新和管理创新。

三、从智慧零售看商业技术创新

在商业模式创新中关注技术创新时，人们更多关注的是技术应用所蕴含的经济价值，而不是技术纯粹的特性。关注智慧零售中的商业技术创新，有助于了解零售领域前沿技术和新型购物模式。

1. 什么是智慧零售

智慧零售是商家运用互联网、物联网、大数据和人工智能等技术，掌握消费者的消费习惯，预测消费趋势，引导生产制造，为消费者提供多样化、个性化的产品和服务。

智慧零售的概念是由苏宁董事长张近东提出的，他认为未来零售就是智慧零售。中国零售业经历了三次大的变革，前两次分别是实体零售和虚拟零售的变革，而第三次就是我们正在经历的虚实融合的智慧零售的变革。马云提出的"新零售"，刘强东提出的"无界零售"，表达的都是类似的概念。

2. 智慧零售的技术创新

技术创新在智慧零售商业模式变革中扮演了重要角色，其中涉及的主要技术包括人工智能技术、物联网技术、互联网技术、大数据技术等。在技术创新驱动下，不仅实现了线上线下深度融合的零售新模式，而且还出现了很多新型购物模式，如无人商店、VR 购物、刷脸支付等。读者可以扫描书上的二维码观看各类智慧零售的应用视频。

VR 购物

📖 拓展阅读

大数据技术下的差别定价

OTA（在线旅游平台）上，两部不一样的手机同时预定酒店房间，经常使用该平台的手机显示的房价高，另一部使用新号码的手机显示的房价低；电商平台上，购买一款 Kindle，浏览该产品次数更多的人显示的价格为 998 元，浏览该产品次数少的人显示的价格却只有 599 元。这就是互联网平台利用大数据技术对不同消费者进行差别定价和千人千面营销。

下面以某外卖平台为例简单说明其运作逻辑。首先消费者会在外卖平台注册账号，外卖平台的数据库里就会形成一个 ID，随着消费者在 App 上的活跃行为增多，比如日常点餐，下单时间点，点菜的种类，在平台上就留下了数据痕迹，算法通过这些痕迹就可以计算出消费者的点餐均价，喜欢的菜品等各种标签。根据这些标签，算法再从商家提供的数据平台进行匹配，筛选出合适的餐饮店。在平台驻留时间越长，留下的痕迹也就越多，被打上的标签也越多，算法也可能会根据消费者的不同标签进行差别定价。反而新注册的消费者，由于没有数据痕迹，算法很难界定其标签。这也就是所谓的大数据"杀熟"。

互联网企业在应用大数据技术时，要注意"向善"的技术伦理观，利用大数据技术更好地服务于消费者的个性化需求。

✏️ 课堂讨论

刷脸支付时，你担心过交易平台采集你的脸部特征信息的安全性吗？各种平台、各种 App 给你推送精准广告时，你是否暗暗觉得它们比你更了解自己的需求？你是否担心过个人隐私的泄露？你认为新技术在商业变革中应用时，需要考虑哪些商业伦理？

价值引导

随着人工智能技术的快速发展和广泛应用，智能时代的大幕正在拉开，无处不在的数据和算法正在催生一种新型的人工智能驱动的经济和社会形式。人工智能技术在持续造福于人类社会的同时，也带来了隐私保护、虚假信息、算法歧视、网络安全等伦理问题与社会问题，引发了人们对于新技术如何给个人和社会带来福祉最大化的广泛讨论。

智能时代需要"向善"的技术伦理观，虽然技术本身没有道德、伦理，但是开发、使用技术的人会赋予其道德、伦理价值，我们要将新技术应用于正确的、"向善"的方向。例如，人工智能与医疗、教育、金融、政务、民生、交通、城市治理、农业、能源、环保等领域的结合，可以更好地改善人们的生活，塑造健康、包容、可持续的智慧社会。企业不能只顾财务表现、只追求经济利益，还必须肩负社会责任，追求社会效益，给社会带来积极的贡献，实现利益与价值的统一。

课堂自测

一、选择题

1. 以下（　　）商业模式结合了线上与线下的资源。

A. B2B　　　　　B. B2C　　　　　C. C2C　　　　　D. O2O

2. 以美团为代表的O2O模式连接的是（　　）。

A. 人与信息　　　B. 人与商品　　　C. 人与服务　　　D. 人与人

3. 以下属于生活服务O2O平台的是（　　）。

A. 天猫　　　　　B. 抖音　　　　　C. 微信　　　　　D. 美团

4. 王师傅是一家餐饮店的"老板"，但是这家店的销售效果不好，现在王师傅想要试图改变餐饮销售模式，请问以下哪种方式你认为是可取的？（　　）

A. 餐饮做不好说明不适合，放弃不干了

B. 找饿了么合作，为自己的餐馆开设O2O业务

C. 改行做服装，做不好就多尝试尝试其他不同的行业

D. 缩小店面规模，租给做理发业务的商家

5. （多选）商业模式创新的特征包括（　　）。

A. 更注重为消费者创造价值

B. 更多的表现为多要素关联的集成创新

C. 能给企业带来更持久的赢利能力

D. 不体现技术创新

二、判断题

1. 电商高速发展,消费者已经习惯网络购物,在不久的将来,线上商家将完全取代实体店。(　　)

2. 根据商品形态的不同,O2O 可以细分为实体商品 O2O 和生活服务 O2O。(　　)

3. 线上线下融合是新零售必须体现的形态之一。(　　)

4. 大数据"杀熟"是电商平台针对不同消费者进行的精准定价,属于正常商业行为。(　　)

5. 智能时代需要"向善"的技术伦理观,虽然技术本身没有道德、伦理的品质,但是开发、使用技术的人会赋予其道德伦理价值,我们要将新技术应用于正确的、"向善"的方向。(　　)

📖 综合项目实训

社区团购为何引发互联网巨头的"农业梦"?

突如其来的疫情点燃了社区团购的需求,也让所有人再次重新审视这个并不新鲜的创业项目。艾媒咨询的数据预计中国社区团购会保持良好的增长态势,到 2022 年市场有望达到千亿级别。在经历了外卖大战、网约车大战、共享单车大战之后,在 2020 年,互联网巨头们又同时将目光投向了生鲜买菜市场。除了兴盛优选、叮咚买菜等原有玩家,拥有农产品线上化和供应链优势的拼多多系多多买菜以及美团优选和阿里巴巴等玩家纷纷涌入。一时间,以巨头入局为标志,社区团购成了最热闹又最拥挤的赛道,以至于国家相关监管部门喊话"互联网巨头应该心念星辰大海,而不是几捆白菜"。

流量逻辑下,几乎所有运营手段和思路都以用补贴等方式"收割"用户、获取市场。当巨头们在社区团购销售端为抢"团长"、抢流量打得如火如荼的时候,阿里巴巴从去年开始深入农业产品端,扎进问题丛生的"上游",重资布局数字农业供应链,打响从前端零售反向部署后端完整生鲜供应链体系的战役。2019 年 10 月,阿里巴巴数字农业事业部首次亮相。2020 年 11 月,随着阿里巴巴数字农业西安产地仓的正式启动,阿里巴巴在一年内全部建成、运转了五大产地仓。在西安产地仓,6 秒,品质监控体系就能完成水果果径、果重、糖度、酸度、是否存在霉心病等病害的检测;90 秒,一颗刚到产地仓的苹果就能装进待发的包裹,完成分级变为商品。数字化分选效率是人工的 124 倍。阿里巴巴产地仓集农产品储存、保鲜、分级、分选、包装、发货、揽收为一体,其首要作用是确立农产品的采后尺度化系统，以解决农产品在流通环节质量不等、品控难、商品价值不高、品牌化推进速度缓慢等问题。产地仓以自营模式，将中间商取代，自己"下场"承担了农产品采购商的角色。阿里巴巴由此可输入"阿里巴巴规范"，并形成农业的数据化，农民将在农业生产过程中有标准可依，从源头上解决农业生产的盲目性，为品牌农产品打下基础。与此同时，阿里巴巴会在多个省会城市打造20余个"销地仓"，"产地仓＋销地仓"配合做到缩短供应链路径，两者共同构成一条完整的农产品流通供应链。完成这个深度介入农业供应链的第一步，后续阿里巴巴数字农业才能进一步向更上游——农资供应链纵深介入。

零售大战，真正导致竞争力分野的将是供应链，能否提供持续、稳定、优质的产品和服务将成为制胜之道。在市场纷争之外，阿里巴巴以另一种方式谋划生鲜版图的"战局"，建立新基建。

分析：

1. 阿里巴巴在生鲜买菜市场的竞争策略与主要对手有何区别？阿里巴巴抓住了农产品网上销售的哪些痛点？

2. 阿里巴巴打造的数字农业新基建具有哪些难以复制的竞争优势？

3. 你认为利用互联网来改造庞大的农业市场，还有哪些技术创新和商业模式创新的方法？

第6章
成本管理与运营管理

知识目标

了解成本管理的内容和基本管理方法

了解运营管理的内容和基本管理方法

能力目标

能利用成本管理工具形成初步的成本管理思路

能简单分析企业运营管理的思路和变化

能形成一定的管理意识

素质目标

树立成本观念，提升诚信意识

具备运营思想，从运营好自己开始

思维导图

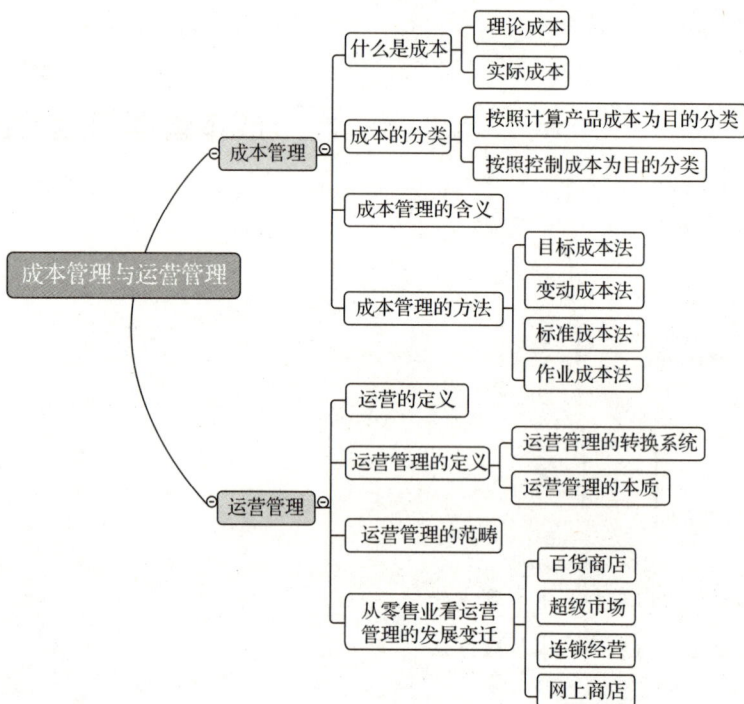

6.1 成本管理

导入案例

煮蛋的学问

煮蛋的学问

有一条街的南边和北边分别开了一家日本餐厅和一家中国餐厅，两家餐厅的煮鸡蛋口感很好，都很受欢迎，价格也一样，但是日本餐厅赚的钱却比中国餐厅多，旁人大惑不解。

成本控制专家老张对这个现象进行了调查和分析，终于找出了答案：日本餐厅和中国餐厅在煮鸡蛋的时候，方式是不一样的。

日本餐厅的煮鸡蛋方式是，用一个长宽高各4厘米的特制容器煮，这个容器只能加50毫升的水，1分钟左右水烧开，再过3分钟关火，利用余热煮3分钟。

中国餐厅的煮鸡蛋方式就比较的粗犷，使用普通锅来煮，锅内大约需要加水250毫升，3分钟左右水才能烧开，再煮大约10分钟后关火。

老张的计算结果是：日本餐厅起码节约五分之四的水、三分之二以上的煤气和将近一半的时间。

案例思考：

从这个简单的煮鸡蛋故事可以看到，小小的煮鸡蛋过程却蕴含着大大的成本控制思路，日本企业精益管理的思想在此得到了充分的体现。企业要想获取超额的利润赢得商业挑战，就需要在成本管理和控制上下功夫。

相关知识

一、什么是成本

在生活中，或多或少都能听到人们在讨论成本这个概念，有时虽然没有提到"成本"这个词，但是讨论的问题却和成本相关：比如学生会讨论食堂的饭菜又涨价了；父母会讨论孩子的花费又增加了；新闻里经常会播报居民消费价格、工业生产价格指数等指标的波动。虽然从表面看起来，它们并未提到"成本"二字，但是成本的概念其实已经深入

什么是成本

人心。对于成本的关注，反映的是人们对于投入和回报之间的权衡的关注。在企业面临商业挑战时，企业对成本的关注尤其明显，企业会花费更多的心思去讨论成本方面的问题。

那么到底什么是成本？

成本是运营过程中的一种耗费，属于商品经济中的一个价值范畴，它是企业为生产商品或提供服务等所耗费的必要劳动价值的货币表现，是企业在生产过程中的价值补偿。简单来说，成本就是为了获得某种利益或达到一定目标所发生的耗费或支出。

从大的范围来看，成本可以分为理论成本和实际成本。

1. 理论成本

理论成本是根据马克思的劳动价值论提出的。马克思认为，产品的价值由 3 个部分构成，即生产中消耗的生产资料的价值（C），劳动者为自己的劳动所创造的价值（V），以及劳动者为社会创造的价值（M）。理论成本就是由前两个部分的价值之和（C+V）构成的。而劳动者为社会创造的价值（M），也就是剩余价值，构成企业的利润。

2. 实际成本

实际成本认为，理论成本过于简单，企业除生产资料的耗费和劳动价值的产生外，在确

定产品成本时还需考虑其他成本开支。比如某些不形成产品价值的损失（废品损失、停工损失），以及不能归集到某一成本对象的损失（如销售费用、管理费用、财务费用等），成本核算时需要考虑上述提到的因素。因此，实际成本更强调生产经营过程中发生的全部劳动耗费，是一个"全部成本"的概念。

✏️ **课堂讨论**

管理学家彼得·德鲁克曾说过："在企业内部，只有成本"，可见成本对企业内部管理的重要作用。请你想一想，成本对企业管理的作用有哪些？

二、成本的分类

为了更好地理解成本的含义，我们可以将成本按照不同的分类标准进行划分，常见的分类方法有两种：一是按照计算产品成本为目的进行分类；二是按照控制成本为目的进行分类。

如何划分成本

1. 按照计算产品成本为目的分类

计算产品成本时，根据计算目的的不同，成本将继续分为两类：一是按产品成本的构成项目分类；二是按成本与特定产品之间的关系分类。

（1）根据产品成本的构成项目，成本可以分为直接材料费用、直接人工费用、制造费用、燃料和动力费用等。这样的划分方式主要是考虑会计核算的需求，企业对外提供经营信息的主要途径是对外披露财务报表，而财务报表的编制是有严格的规范和要求的，财务报表主要参照财政部所颁布的企业会计准则进行编制。企业会计准则对成本核算有一定的规范和要求，因此企业对于成本的划分主要是根据企业会计准则对成本计算的要求进行的。

直接材料费用，是指用于产品生产、构成产品实体的原料、主要材料以及有助于产品形成的辅助材料的费用等。直接人工费用，是指直接参与产品生产的工人的薪酬。制造费用，是指间接用于产品生产的各项费用，以及虽直接用于产品生产，但不便直接计入产品成本，因而没有专设成本项目的费用。燃料和动力费用，是指直接用于产品生产的各种直接燃料和动力费用。

（2）根据成本与特定产品之间的关系，成本可以分为直接成本和间接成本。直接成本指与某一特定产品相联系的成本。间接成本指与某一特定产品之间没有直接联系的成本，需要分配计入产品成本。常见的直接成本有企业生产经营过程中所消耗的原材料、备品配件、外购半成品、生产工人计件工资等；常见的间接成本有车间管理人员的工资、车间房屋建筑和机器设备的折旧费、租赁费、修理费、机物料消耗、水电费、办公费等。

2. 按照控制成本为目的分类

为了更好地对成本进行考核和控制，强化成本的内部管理，成本可以按照习性和可控性进行分类。

（1）根据成本习性，成本可以划分为变动成本、固定成本和混合成本。变动成本是指成本总额会随着产量的增加而增加的成本；固定成本是指成本总额不会随着产量的增加而增加的成本；混合成本是指成本总额随业务量变动但不成正比例变动的那部分成本。通常情况下，混合成本可以按照一定的方法拆分为变动成本和固定成本。根据成本习性进行成本的划分有利于企业对某种商品的盈亏平衡进行定量分析。

（2）根据成本可控性，成本可以划分为可控成本和不可控成本。可控成本是指企业能够通过控制增加或减少的成本；不可控成本是指不以企业的意志为转移的成本。从整个企业的角度来看，所有的成本都是可控成本，但对于企业内部的分厂、车间、班组来说，则各有其专属的可控成本。对于劳动用工统一集中管理的企业，人工费用对于企业内部的分厂、车间、班组来讲，是不可控成本；而对于有劳动用工权的分厂、车间、班组来讲，人工费用是可控成本。

拓展阅读

各行业成本项目基本设置

为了比较全面、系统地反映产品的成本情况，使成本计算能提供比较丰富的信息，企业在计算产品成本时，不仅要计算产品的总成本和单位成本，而且要对总成本按用途分类，以反映产品成本的组成和结构。企业应当根据生产经营特点和管理要求，按照成本的经济用途和生产要素内容相结合的原则或成本性态等设置成本项目。根据2014年1月1日施行的《企业产品成本核算制度（试行）》的规定，各行业成本项目具体如下。

1. 制造企业一般设置直接材料费用、燃料和动力费用、直接人工费用和制造费用等成本项目。

2. 批发零售企业一般设置进货成本、相关税费、采购费等成本项目。

3. 建筑企业一般设置直接人工费用、直接材料费用、机械使用费用、其他直接费用和间接费用等成本项目。

4. 房地产企业一般设置土地征用及拆迁补偿费用、前期工程费用、建筑安装工程费用、基础设施建设费用、公共配套设施费用、开发间接费用、借款费用等成本项目。

5. 交通运输企业一般设置营运费用、运输工具固定费用与非营运期间费用等成本项目。

6. 信息传输企业一般设置直接人工费用、业务费用、电路及网元租赁费用等成本项目。

7. 软件及信息技术服务企业一般设置直接人工费用、外购软件与服务费用、场地租赁费用、转包成本、水电费用、办公费用等成本项目。

8. 文化企业一般设置开发成本和制作成本等成本项目。

除《企业产品成本核算制度（试行）》已明确规定的以外，其他行业企业应当比照以上类似行业的企业确定成本项目。

三、成本管理的含义

成本管理是指企业在营运过程中实施成本预测、成本决策、成本计划、成本控制、成本核算、成本分析和成本考核等一系列成本管理活动的总称。它的目的是充分组织企业全体人员对企业营运过程的各个环节进行科学管理，力求以最少的生产耗费取得最多的生产成果。

成本管理是企业日常经营管理的一项中心工作，对企业营运有着重要的意义。销售收入首先必须能够补偿成本耗费，这样才不至于影响再生产的进行。换言之，在一定的产品数量和销售价格条件下，产品成本水平的高低，不仅影响简单再生产、威胁企业的生存，还可能影响企业扩大再生产、制约或推动企业的发展。除了努力提高收入，降低成本同样有助于企业实现目标利润。

✎ **课堂讨论**

除了企业要强调成本管理外，我们每一个人在日常生活中也会进行成本管理。请结合自己的生活谈谈你是如何看待成本管理的，在生活中又是如何进行成本管理的。

四、成本管理的方法

成本管理在经过漫长的企业实践和经验积累之后，形成了诸多的方法和经验，企业可以从不同的角度对成本进行管理和控制，寻求利润最大和企业价值最优的目标。常见的成本管理方法主要有目标成本法、变动成本法、标准成本法和作业成本法等。

成本管理的方法

1. 目标成本法

目标成本法是指企业从市场需求出发，根据目标售价及目标利润倒推目标成本的一种成本管理方法。

根据成本加成的理念，产品的定价主要包含两个部分：一是产品所负担的全部成本，这些成本应由定价弥补；二是企业应得的合理利润，两者相加得到产品价格，即"产品定价＝产品成本＋合理利润"。目标成本法则认为，在市场竞争中，产品的定价除了受到产品本身成本的影响，还和市场竞争相关，即市场情况会左右价格的制定。如果企业的产品是属于完全竞争市场的产品，其定价方式如果继续采用成本加成的方式进行，会不利于控制企业的产品成本。因此，目标成本法设定了一个既定的销售价格，即销售价格不变，将上述公式转变成"目标成本＝既定销售价格－目标利润"，以确定目标成本。企业为了获得目标利润，需要在保证产品质量的前提下，尽可能压缩产品成本，进而推动产品价格的管理和控制。

2. 变动成本法

变动成本法是指企业以成本性态分析为前提条件，仅将生产过程中消耗的变动生产成本作为产品成本的构成内容，而将固定生产成本和非生产成本作为期间成本，直接由当期收益予以补偿的一种成本管理方法。变动成本法要求进行成本性态分析，制造费用才可以被分为固定性制造费用和变动性制造费用，进而生产成本可以被划分为变动生产成本（包括直接材料费用、直接人工费用、变动性制造费用）和固定性生产成本（即固定性制造费用）。变动成本法中的产品成本只包括直接材料费用、直接人工费用、变动性制造费用等变动生产成本。期间成本包括固定性制造费用、管理费用、销售费用，这与传统的制造成本法有所不同。

3. 标准成本法

标准成本是指在正常的生产技术水平和有效的经营管理条件下，企业经过努力应达到的产品成本。标准成本控制与分析，又称标准成本管理，是以标准成本为基础，将实际成本与标准成本进行对比，揭示成本差异形成的原因和责任，进而采取措施，对成本进行有效控制的管理方法。标准成本法的流程一般应包括以下 5 个步骤，即确定应用对象、制定标准成本、实施过程控制、成本差异计算与动因分析、标准成本的修订与改进。

4. 作业成本法

作业成本法不仅是一种成本计算方法，更是成本计算与成本管理的有机结合。作业成本法以"作业消耗资源、产出消耗作业"为原则，按照资源动因将资源费用追溯或分配至各项作业，计算出作业成本，然后再根据作业动因，将作业成本追溯或分配至各成本对象，最终完成成本计算的过程。企业每完成一项作业活动，就有一定的资源被消耗，同时通过一定量的产出转移到下一作业，如此逐一进行，直至最终形成产品。因此，作业成本法基于资源耗用的因果关系进行成本分配：根据作业活动耗用资源的情况，将资源耗用分配给作业；再依照成本对象耗用作业的情况，把作业成本分配给成本对象。在作业成本法下，成本分配时，首先根据作业中心的资源耗用情况，将资源耗用的成本分配到作业中心去，然后再将分配到作业中心的成本，依据作业活动的数量分配到各成本对象上去。

价值引导

2016年3月，全国政协十二届四次会议民建、工商联界委员联组会上强调，各企业都要把守法诚信作为安身立命的根本，依法经营、依法治企、依法维权。法律红线不能破，偷税漏税、走私贩私、制假贩假等违法的事情坚决不做，偷工减料、短斤缺两、质次价高的亏心事坚决不做。

正确应用成本管理

课堂自测

一、选择题

1. 下列哪一项不属于根据成本习性分类中的成本？（　　）

　　A. 变动成本　　　　B. 固定成本　　　　C. 混合成本　　　　D. 直接成本

2. 下列哪一项不属于生产成本的构成范围？（　　）

　　A. 直接材料费用　　　　　　　　B. 财务费用

　　C. 制造费用　　　　　　　　　　D. 直接人工费用

3. （多选）成本划分的主要方式有（　　）。

　　A. 以计算产品成本为目的分类　　　　B. 以评价成本效益为目的分类

　　C. 以控制成本为目的分类　　　　　　D. 以企业生产产品进行分类

4. （多选）成本管理由哪些项目构成？（　　）

　　A. 成本规划　　　B. 成本计算　　　C. 成本控制　　　D. 业绩评价

5. （多选）下列属于间接成本的有（　　）。

　　A. 设备折旧费用　　　　　　　　B. 生产工人的工资

　　C. 原材料费用　　　　　　　　　D. 水电燃气费用

二、判断题

1. 成本按照可控性不同可以划分为固定成本和变动成本。（　　）

2. 生产成本由料工费用构成。（　　）

3. 管理人员的工资构成产品的直接成本。（　　）

4. 企业依法缴纳的税款属于不可控成本。（　　）

5. 成本控制为具体的成本管理提供思路和总体要求。（　　）

6.2　运营管理

诺基亚手机退出历史舞台

从 1996 年开始，诺基亚手机连续 15 年占据手机市场份额第一的位置。2003 年，诺基亚 1100 在全球已累计销售 2 亿部；2009 年，诺基亚公司手机发货量约 4.318 亿部；2010 年第二季度，诺基亚在移动终端市场的份额约为 35.0%，领先当时其他手机的市场占有率。

然而，智能手机的到来使诺基亚措手不及。诺基亚当时并没有预测到智能手机带来的威胁，它仍然按照自己的生产理论生产自己的产品，没有过多考虑客户的差异化需求。2010 年以后，诺基亚手机的销量持续下滑。

忽视智能时代来临的代价是巨大的，诺基亚开始面对新系统的智能手机的夹击，苹果手机和三星手机是其主要的竞争者。2010 年诺基亚分别发布了 MeeGo 和 Symbian3，然而这并未能打败 iOS 和 Android，并且其手机市场地位也被苹果和三星超过。

诺基亚不得不寻求新的出路。2011 年 2 月 1 日，诺基亚在英国伦敦宣布与微软达成战略合作关系，放弃 Symbian 和 MeeGo。诺基亚手机开始采用 Windows Phone 系统，并且参与该系统的研发。2012 年 9 月 5 日晚 10 点，诺基亚联合微软在美国纽约举办发布会，正式推出两款采用微软 Windows Phone 8 操作系统的智能手机，以求追回手机市场。然而，一切的努力都没能改变诺基亚手机的命运。2014 年 4 月 25 日，诺基亚公司宣布已正式把旗下移动电话业务移交至微软，为双方历时近 8 个月、最初宣布总额为 54.4 亿欧元（75.2 亿美元）的收购案画上了句号。微软计划把"诺基亚"重新命名为"微软移动"，新的全资附属公司将成为微软的移动设备部门，从此诺基亚手机成为历史。

案例思考：

请你谈谈诺基亚失败的原因，如果你是诺基亚的运营官，请为诺基亚提出恰当的运营建议。

相关知识

一、运营的定义

要了解什么是运营管理，先要了解什么是运营。运营就是企业做什么，是企业提供服务或生产产品的运作过程。运营不仅发生在诸如饭店、零售店、超市、工厂、医院、大学等企业或组织中，事实上，运营发生在每个企业组织中，是企业组织的核心内容。

什么是运营

支撑企业组织存在的三大基本部分包括财务、营销、运营，可见运营在企业组织发展中的地位和作用是不容小觑的。

财务部门的主要职责除了日常的财务核算之外，还包括预算、分析投资方案以及为运营部门提供资金。营销部门负责对消费者需求做出评估，销售或推销企业组织的产品和服务。运营部门主要负责生产产品和服务。运营可以说是财务和营销之间的桥梁，就好比汽车的发动机是汽车的核心，运营也是企业组织运转的核心。

拓展阅读

供应链和运营

供应链和运营本质上相互联系。供应链是涉及生产和交付一种产品或服务的序列，该序列从生产原材料的供应商开始，延伸至产品制造或服务，最终到达消费者手中。

企业的供应链可以延伸得很长，犹如链条一样，链条中的节点代表各种生产或服务的提供，例如工厂、存储设施、运输等。如果一个节点失效则会影响到其他节点的运转，这直接说明了供应链中各项要素是相互连接的。

运营就是在每条供应链上打通各个节点，就像流水一样，疏通每个节点的堵塞问题，使企业能够顺利地运转起来，创造价值的增值。

二、运营管理的定义

什么是运营管理？顾名思义就是对企业中各种运营工作进行管理。运营管理中会运用到各种科学管理的工具，以提高企业在运营过程中的效率，实现价值最大化。

我们可以从两个方面去理解运营管理：一是运营管理是一个转换系统的运作，存在一系列复杂的转换过程；二是运营管理本质上是实现价值的增值，体现在最终提供的产品和服务上。

1. 运营管理的转换系统

运营包含"投入""转换"和"产出"三大基本要素。

（1）投入。投入主要由企业外部投入和企业内部投入两个来源构成：企业外部投入通常包括生产原材料和消费者等；企业内部投入通常包括劳动力、设备、生产或办公空间等。

（2）转换。转换是一个动态过程，其目的是实现产品和服务价值的增值，实现将投入的资源转换为有形产品或无形服务的过程。

（3）产出。产出一般指企业的运营成果，也就是前面提到的产品或服务，这些产出会供给给个人、其他企业或社会。

下面举一个日常生活的例子来感受一下运营系统三大基本要素，以便更好地识别它们。

大学，作为一个运营管理系统，投入的外部要素是高中毕业生，而提供的内部要素包括教师、学生使用的教材、教学设备等教学资源。老师通过授课、实训、实践的方法引导学生学习、理解新的知识，这就是一个转化的过程。当然，老师用不同的教学方法、使用不同的教学设备，或多或少会影响转换的效率。最后，当修完大学课程后，学生们顺利取得毕业证书和学位证书，也就相当于大学生产出了合格的大学毕业生。至此，大学这个庞大的运营系统就完成了整个转换的过程。当然，这个例子显得过于简单，但是实际上却能够直观地体现出运营系统的三大基本要素。

✎ **课堂讨论**

请大家试着对日常生活中的一些运营系统进行分解，识别运营系统中的输入、转换和产出要素。

2. 运营管理的本质

企业既然投入了人力、物力、财力进行产品的研发和生产，其目的是希望产出市场认可的产品，获取利润。也就是说，企业投入的是价值比较低的要素，产出价值比较高的产品，简单理解就是产品实现了增值。

价值增值的过程是多样的，包括物理转换、化学转换、空间转换、情感满足转换等；价值增值的表现形式包括有形产品转换和无形产品转换。例如：机械加工企业通过对原材料的加工，使其改变了形状或形态，发生了物理或化学变化，形成了有形产品，从而对外销售获得利润和价值增值。物流公司通过建立站点，将物品转移至其他地方，使物品发生了空间转移，提供了无形的服务，实现了价值增值。

✎ **课堂讨论**

请大家列举身边价值增值的例子，体会价值增值的含义。

三、运营管理的范畴

运营管理的范围因组织而异。具体而言，运营管理人员要进行的工作包括产品或服务的设计、工艺的选择、技术的选择和管理、工作系统的设计、选址规划、设施规划以及该产品或服务质量的改进。运营管理人员的职能包括与工作密切相关的一切活动，例如预测、能力计划、进度安排、仓库管理、质量管理、员工激励、设施选址等。

专业的运营管理人员在进行运营管理时，通常会考虑以下几个方面的问题。

什么（What）：需要什么资源？需要多少？如何进行配置？

何时（When）：何时需要资源？某项工作应何时安排？材料何时订购？

哪里（Where）：工作在哪里进行？

如何（How）：产品或服务如何设计？工作如何开展？

谁（Who）：谁来负责某项工作？

📖 拓展阅读

航空公司的运营管理

国内著名的航空公司有东方航空、南方航空、中国国航等，航空公司承载着安全将旅客运输至目的地的使命，为了达成使命，航空公司的运营管理可谓非常复杂。通常，航空公司的运营管理需要考虑飞机、机场设施、维修设施等，具体有以下项目。

- 对天气、着陆条件、座位需求和空中旅行的发展趋势做出预测。

- 对飞行能力进行规划，即对该公司保持现金流和获得合理的盈利所必需的运营能力做出安排。飞机的数量太少或太多，或飞机数量适中但未合理使用，都将减少公司的盈利。

- 选址规划，根据运营部经理关于为哪些城市提供服务、在哪里设置维修设施以及不同城市重要程度的区别所做的决策选择机场设施。

- 设施布置，这对工人和设备的有效利用至关重要。

- 对飞行和日常维修、驾驶员、随从以及地勤人员、柜台人员和行李管理人员分别做出安排。

- 对诸如食品及饮料、急救设备、旅行读物、靠垫和毛毯以及救生工具等物件的库存进行管理。

- 质量保证，体现在飞行和维修要做到安全至上；在售票台、登记处和电话预订受理点，要讲究工作效率，对待旅客要礼貌。

- 雇员激励和培训贯穿于运营的各个阶段。

四、从零售业看运营管理的发展变迁

各行各业在发展初期都是不成熟的，运营管理的方式和模式也是不完善的，但随着市场经济的发展，消费者需求的增强，企业规模的变大，运营管理的方式也在发生变化。以零售业的发展为例，下面分析零售业在发展过程中是如何调整其运营及运营管理模式的。

所谓零售业，从字面上理解就是一种零星销售的业态，也就是将产品

通过零售业看运营

和服务销售给最终消费者的一种商业活动。在整个产品流通过程中，零售是终端环节，一旦出售，就不再进入流通领域。可以说大家每天都在参与不同的零售活动，人们无论是穿梭在各类商业综合体，还是进入超市综合体，都在参与零售活动。互联网和电商的兴起，使人们足不出户即可享受购物带来的乐趣。

从 19 世纪中期以来，零售业经历了 4 次重大的变革，这 4 个重大的变革也对应着不同的零售运营模式的转变。

1. 百货商店——第一次零售革命

1852 年，法国人阿里斯蒂德·布西科在巴黎创立了世界上第一家百货商店。百货商店的诞生，标志着零售业的第一次重大变革。相较于当时传统的小店、专业店，百货商店在整个运营管理上都做了很大的调整。百货商店为了能够为消费者提供更完整优质的购物体验，进行了产品和品牌的集中，将它们集中到一个地方，这样就能满足消费者选择性购物和一站式购物的需求；在购物环境上，统一管理的方式为消费者提供了优质的购物环境；在商品价格方面，为了使消费者明明白白购物，百货商店全部采用明码标价，减少了消费者对于价格的疑虑；在整体服务上，百货商店提升服务质量，满足了消费者的消费心理。

2. 超级市场——第二次零售革命

超级市场的出现标志着第二次零售革命的爆发，导火索是 20 世纪 30 年代的经济危机。当时，西方国家的零售市场，产品过剩、价格走低，而百货商店装潢成本高昂，销售人员众多，购物结算方式传统，致使流通成本持高不下。百货商店的运营方式显得臃肿且效率低下。百般无奈中，一些工厂推出了一种新的敞开式的自销商品的运营管理模式，也就是打开仓库大门，备好推车和提篮供消费者使用，让消费者进入仓库在货架上自选商品、自我服务。超级市场出售的都是有合理包装的规格化商品，包装上标有品名、重量、售价、厂牌、出厂日期等，消费者选好后到仓库门口一次性结算。这样既节省了中间商的销售成本，也给了消费者低价的实惠。

3. 连锁经营——第三次零售革命

第三次零售革命来自于连锁经营，目前大型的超级市场，采用的都是连锁经营的方式来运营的。连锁经营的基本特征是通过跨区域市场开拓，实现多店铺经营，规模化经营；企业内部引进工业生产的专业化理念，传统商业经营的"购、销、运、存"被分割为总部负责采购与管理，门店负责销售，配送中心负责配送与储存，工作的单一化促进了效率和水平的提高，也极大地冲击了单体经营的商店。

4. 网上商店——第四次零售革命

网络技术的应用与普及，引发了零售业的第四次革命，它甚至改变了整个零售业。网上商店逐渐成为人们购物的重要渠道。运营管理的主体从实体零售慢慢转变成了线上零售。网上商店给消费者带来了极大的便捷、更多的商品选择、更合理的价格和快捷方便的沟通渠道，网店经营者的经营成本下降、交易机会更加公平、交易时间拓展为全天 24 小时。

运营管理案例分析

✏️ **课堂讨论**

请大家分析，零售业的 4 次变革，在运营管理上都做出了哪些突破，这些突破带来的好处有什么，对个人发展有什么启示。

🎓 **价值引导**

创新是引领发展的第一生产力，创新是企业万年长青的驱动力，只有持续不断地优化和改进企业运营管理的方式方法，企业才能创造出符合市场需求的产品。就个人而言，创新也是驱动个人成功的重要因素，时代环境在发生变化，陈旧的思维方式和方法对全新环境的指导作用会逐步降低，唯有创新才能跟上时代发展的步伐。

课堂自测

一、选择题

1. 运营管理的主要任务是（　　）。

　　A. 尽可能提高产品质量　　　　　　　B. 尽可能减少生产时间

　　C. 建立高效的产品和服务的制造系统　　D. 尽可能降低产品成本

2. 运营是企业哪项活动的主要环节？（　　）

　　A. 增加产值　　　　　　　　　　　　B. 创造价值

　　C. 提高竞争力　　　　　　　　　　　D. 增加销售额

3. 大多数企业中存在的三项主要职能是（　　）。

　　A. 制造、生产和运营　　　　　　　　B. 运营、营销和财务

　　C. 运营、人事和营销　　　　　　　　D. 运营、制造和财务

4. （多选）运营管理人员通常要考虑的问题包括（　　）。

　　A. 何时生产产品　　　　　　　　　　B. 材料向哪家供应商采购

　　C. 谁负责新产品的研发　　　　　　　D. 如何提高生产效率

5.（多选）运营管理基本要素包括（　　　　）。

A. 投入　　　　　　B. 转换　　　　　　C. 更新　　　　　　D. 产出

二、判断题

1. 运营管理是指对运营过程的计划、组织、实施和控制。（　　　）

2. 价值增值的过程包括物品转换。（　　　）

3. 修理站进行损坏物品的修理属于运营管理三要素中的投入。（　　　）

4. 心理咨询师提供心理咨询服务属于价值增值中的情感满足转换。（　　　）

5. 整个运营管理的顺序是转换→投入→产出。（　　　）

综合项目实训

Costco 超市背后的成本管理和运营管理

2019 年 8 月 27 日，美国最大的连锁会员制仓储式超市 Costco 在中国境内的第一家门店在上海闵行区开业。由于到店的消费者众多，卖场内人流过大，Costco 出现了停车场等待需要 3 小时、结账需要排队 2 小时等奇观，Costco 不得不临时宣布下午暂停营业，就连警察也发微博提示大家道路临时封闭，鼓励理性消费、错峰出行。为什么 Costco 能吸引广大消费者趋之若鹜，作为连锁超市的 Costco 与其他超市在成本管理和运营管理上有什么不同之处，这些疑问引发了公众的兴趣和讨论。

认识 Costco 超市

Costco 成立于 1976 年，是美国第二大、全球第七大零售商，在全世界拥有超过 700 家门店，会员量超 9 600 万，会员遍布南北美洲、欧洲与亚洲。美国 90% 以上的家庭都是其会员，每年 Costco 的会员费收入达几百亿美元。2018 财年 Costco 总营收 1 415.76 亿美元。2020 年 7 月，福布斯 2020 年全球品牌价值 100 强发布，Costco 排名第 79 位。Costco 最大的特色就在于它是真正意义上的会员制超市。

会员制超市，先办会员再进店消费

何为"会员制超市"？这一概念在很多中国消费者当中还略显陌生。在中国，大部分超市会员卡的功能在于储值和积分，会员身份带给消费者的优惠通常是部分商品的折扣。而在 Costco，商品的价格是普遍低于普通超市的，但是要想享受这样的福利，消费者必须先缴费成为会员，才能进入门店进行消费，并且会员费不可用于购买商品，是纯粹为了获取购买资格、享受服务而付出的成本。在这种情况下，购买了会员的消费者就会倾向于尽可能多地在 Costco 购物，以使之前付出的会员费物有所值。因此，这种模式下的会员客单价更高，忠诚度也更高。根据 Perfect Price 调研，Costco 人均单次消费额 136 美元，并且 25% 的消费人群客单价在 100～200 美元，远远超过沃尔玛、Whole Foods 等连锁超市。Costco 2018 财年年报数据显示，全球会员续费率为 88%。2019 年 7 月 1 日，Costco 上海门店开放会员申请，正式营业前会员数已超 12 万。也就是说，以年费 299 元 / 人计算，这家店什么都还没有卖，就已经赚了 3 588 万元。

与一般超市主要通过出售商品盈利不同，由于收取了额外的会员费，Costco 可以将商品的毛利率压得非常低。Costco 门店整体毛利率低于 14%，大部分商品的毛利率仅为 10%～11%。国内同行永辉的综合毛利率在 2018 年为 22.15%，高鑫零售为 24.79%，远高于 Costco。

SKU 少于其他超市，商品周转率高

SKU 是一种库存进出计量的单位，比如件、盒。现在 SKU 已经被引申为产品统一编号的简称，每种产品都有唯一的 SKU。对一种商品而言，当其品牌、型号、配置、等级、单位、生产日期、保质期、用途、价格、产地等属性与其他商品存在不同时，便可称为一个单品。Costco 的运营重点在于以高性价比、自有品牌和精选 SKU 策略来吸引消费者加入会员。拿 Costco 和沃尔玛作比较会发现，Costco 很大但不让消费者感觉头晕，沃尔玛也很大但是体验没有 Costco 好，因为销售的商品质量参差不齐。对于消费者来说大而全必然是最重要的，但选择过多也未必是好事。以牙膏为例，Costco 售卖的牙膏只有 4 种，而沃尔玛有 60 种之多，多得让消费者根本无法选择。Costco 整体 SKU 只有 4 000 个左右，沃尔玛拥有超过 20 000 个 SKU。Costco 单店的收入很高，同时又因为 SKU 少，Costco 单个 SKU 的量就很大。这导致 Costco 对于供货商的定价权很高，可以把价格压低。而且，Costco 会让供货商提供单独给他们的包装尺寸，比如 100 个冰激凌的包装……这使 Costco 在单卖产品的时候，形成了单个批发的思维。Costco 的严选模式、高品质、低 SKU、提供大而全的产品供应，已经帮助消费者做了一层选择，消费者体验由此非常出众。

绝无仅有的优质服务

Costco 在服务上可谓让消费者大开眼界。Costco 规定，除计算机、数码相机和投影仪等一些电子产品需要在购买后 90 天内进行退换外，其他商品没有退货期限。也就是说，消费者在购买后，随时都可以拿着商品无理由退换，而且不需要提供购物收据。

关于 Costco 的无理由退货，曾经一度"刷屏"社交网络，比如有人成功退掉已经发烂的桃子、蔫掉的盆栽、吃到只剩一颗的巧克力，买了几年的衣服，用残破的拖把。

不管理由是什么，有没有收据，时间过去多久，只要 Costco 会员卡里有消费记录，

都可以成功退货。

分析:

1. Costco 在哪些方面开展了成本管理? 这些方面体现了哪些成本管理的思维?

2. Costco 在运营管理上有哪些令人眼前一亮的新思路? 这些管理方法为企业带来哪些好处?

3. 你还了解有哪些企业开辟了新颖的运营管理思路? 它们在市场竞争中如何保持低成本且高效的运营管理? 这些企业的发展对你有哪些启示?

第7章
信息技术与商业应用

教学目标

知识目标

了解信息、信息技术的概念

了解云计算的概念、特点、服务类型和部署模型

了解物联网的概念、特征及总体架构

了解大数据的概念、特征及数据结构

能力目标

了解云计算、物联网、大数据的商业应用场景，理解信息技术的商业应用意义。

素质目标

树立创新意识、创新精神

具备自我学习、自我提升的能力

思维导图

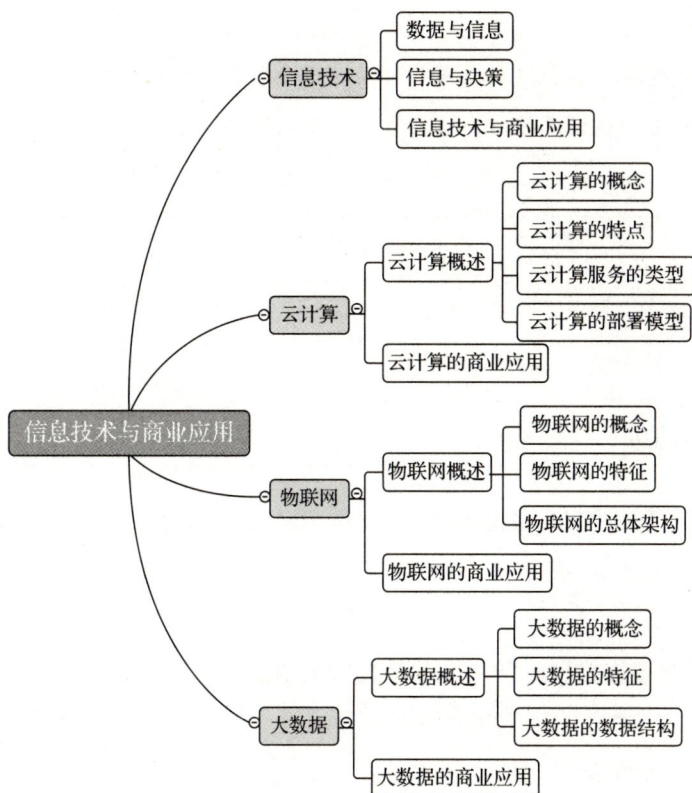

7.1　信息技术

👤 导入案例

AI 已进入商业应用时代

人工智能（Artificial Intelligence，AI）作为最具颠覆性和变革性的技术，正不断渗透进社会、生产、生活的各个方面，引发巨头、创业者和资本的普遍关注。创新工场董事长兼 CEO、人工智能工程院院长李开复表示，AI 已经进入商业应用时代，偏重科研发现的"AI 黑科技"已不再是 AI 创业的主旋律，"AI 赋能行业"的应用模式在未来将迎来高速成长。

李开复坦言，目前中国"AI 赋能行业"的研发与应用场景面临严峻的人才瓶颈，大批从校园和研究机构走出来的 AI 研发者急需在行业实际场景中历练、升级。

李开复认为，使用好目前已有的 AI 技术，就已经能够对当下社会创造出巨大价值。

未来，核心科技的突破仍依赖于学术界的努力，但工业界同样可以大力推动 AI 技术与行业知识的结合，创造 AI 技术在商业落地方面的巨大机会。

案例思考：

信息技术的发展、信息技术与商业活动的深度融合，已经给现代商业带来巨大的机遇与挑战。你知道哪些信息技术，这些信息技术在商业场景中又是如何应用的，请举例说明。

相关知识

一、数据与信息

数据是人们用于反映客观事物而记录下来的可以鉴别的符号，是客观事物的基本表达。例如，售价为 999 元的 A 牌手机，其中"999 元""A 牌""手机"就是数据，它们反映了一部特定的手机。

信息是由客观事物发出的能被接收者接收的数据，这些数据被接收的过程中，经过了接收者的过滤与分析，达到了接收者对事物了解和认识的目的。例如，信息 = 手机（品牌：A 牌；价格：999 元），其表示了一条有关一部价格为 999 元的 A 牌手机的信息。其中，实体是手机，"品牌""价格"是描述手机这个实体的两个属性，其值分别是"A 牌""999 元"。

数据与信息是不可分离的，数据一般是原始事实，信息是数据处理的结果。信息指含有一定意义的数据。数据常指信息的载体，是指定性、定量描述的原始资料，包括数字、文字、符号、图形、图像，以及它们能够转换成的数据等形式。信息是向人们或机器提供的关于现实世界事实的知识，是数据、消息中所包含的意义。

二、信息与决策

信息与决策的关系表现为信息经过分析、处理形成决策，决策执行的结果又成为新的信息，如此往复循环，如图 7-1 所示。

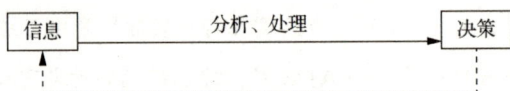

图 7-1　信息与决策的关系

企业的经营决策是一个复杂的过程，根据决策方案实施后出现结果的不同决策可分为确定型决策、不确定型决策和风险型决策。

确定型决策是指已知方案实施的结果，在确定的条件下必然出现某个结果，决策者在对影响因素充分掌握的基础上做出决策；不确定型决策是指方案实施的结果未知，决策者对影响方案实施的因素与结果之间缺乏必然的认识，或只能靠主观概率判断做出决策；风险型决策是指方案实施的结果未知，但决策者了解由于某一因素的影响而出现某一结果的概率从而做出决策。

由上述可知，每种决策都与决策者对决策方案影响因素的掌握程度有关，对有关这些因素的信息掌握得越充分，对实施的结果越有把握，决策者越容易做出决策。一般来讲，在企业的经营决策中，事务性决策掌握的信息充分，决策难度小；战略性决策掌握的信息中的不确定性因素多，决策难度大。

信息为决策提供依据，但信息本身不能决定决策，决策最终依靠决策者的判断。不同的决策者在同样的信息面前会做出不同的判断，有时甚至会出现截然不同的结果。

三、信息技术与商业应用

信息技术（Information Technology，IT）泛指能拓展人的信息处理能力的技术。它可以替代或辅助人们完成对信息的检测、识别、变换、存储、传递、计算、提取、控制和利用。

信息技术已成为支撑当今经济活动和社会生活的基石，代表着当今先进生产力的发展方向。信息技术在商业中的广泛应用已经成为不可逆转的趋势，信息技术的应用使得信息作为重要生产要素和战略资源的作用得以发挥，使人们能更高效地进行资源优化配置，提升企业的核心竞争力，从而推动传统产业不断升级，提高社会劳动生产率和社会运行效率。

🎓 价值引导

2019 年《政府工作报告》提出：深化大数据、人工智能等研发应用，培育新一代信息技术、高端装备、生物医药、新能源汽车、新材料等新兴产业集群，壮大数字经济。坚持包容审慎监管，支持新业态新模式发展，促进平台经济、共享经济健康成长。

云计算、物联网作为信息技术新的高度和形态被提出、发展，大数据被誉为"未来的新石油"，本章将介绍云计算、物联网、大数据等信息技术以及它们的商业应用场景。

✏️ **课堂讨论**

随着"互联网+"在各行业各领域的推进，商业发展越来越离不开信息技术，你知道还有哪些信息技术吗？

📓 课堂自测

一、选择题

1. 信息对商业活动效率的影响是（　　）。

　　A. 间接改善　　　　B. 直接改善　　　C. 不能改善　　　D. 没有影响

2. 信息的处理包括（　　）。

　　A. 信息的收集和输入　　　　　　　　B. 信息的加工和输出

　　C. 信息的储存和传输　　　　　　　　D. 以上3个选项都是

3. 对于信息，下列说法错误的是（　　）。

　　A. 信息是可以处理的

　　B. 信息是可以传播的

　　C. 信息是可以共享的

　　D. 信息可以不依附于某种载体而存在

4. 信息与数据在表现形式中有许多相同之处，也易混淆，数字属于（　　），图形属于（　　），声音属于（　　）。

　　A. 数据、数据、信息　　　　　　　　B. 数据、信息、信息

　　C. 数据、数据、数据　　　　　　　　D. 信息、信息、信息

5. 以下属于信息的是（　　）。

　　A. 报纸　　　　　　B. 电视机　　　　C. 一段天气预报　　D. 文字

二、判断题

1. 数据与信息是不可分离的，数据一般是原始事实，信息是数据处理的结果。（　　）

2. 信息可以独立存在，不必寄载于某种媒体上。（　　）

3. 信息为决策提供依据，但信息本身不能决定决策，决策最终依靠决策者的判断。（　　）

4. 信息技术中涉及生物技术。（　　）

5. 信息是可以加工处理的，它可以压缩、存储、有序化，也可以转换形态。（　　）

7.2　云计算

云计算助力在线办公

很多人喜欢在家办公，可以节省通勤时间，使用云计算可以实现我们"在家"这个需求。购买一台云服务器，安装操作系统以后，就相当于拥有了一台随时随地能使用的计算机，性能随需求而定，即使使用手机、iPad 等移动设备也可以轻松地连接上你的"云计算机"来处理工作。

由于"云计算机"只是一个账号，并且可以随时随地登录使用，所以对于一些办公场地分散在不同地域的企业来说，使用"云计算机"办公，可以提升工作的协同度。例如开发一个项目时，大量文件上传需要耗费很多时间，如果在"云计算机"上操作，那么分隔两地的同事不需要再进行文件的交换，只需登录账号就可以了。

案例思考：

"云"实质上就是一个网络，从狭义上讲，云计算就是一种提供资源的网络，使用者可以随时获取"云"上的资源，按需求量使用，并且资源可以看成是无限扩展的，只要按使用量付费就可以，"云"就像自来水厂一样，我们可以随时接水，并且不限量，按照自己家的用水量，付费给自来水厂就可以。

💧 **相关知识**

一、云计算概述

云计算是继计算机、互联网后信息时代又一种革新，云计算是信息时代的一个大飞跃，未来的时代可能是云计算的时代。

云计算的概念

1. 云计算的概念

云计算（Cloud Computing）是分布式计算的一种，指的是通过网络"云"将巨大的数据计算处理程序分解成无数个小程序，然后，通过多部服务器组成的系统进行处理和分析这些小程序得到结果并返回给用户。这项技术可以在很短的时间内完成对数以万计的数据的处理，从而实现强大的网络服务。

2. 云计算的特点

云计算与传统的网络应用模式相比，具有如下优势与特点。

（1）超大规模

"云"具有相当大的规模，企业私有"云"一般拥有数百上千台服务器，甚至几十万台、百万台。"云"能赋予用户前所未有的计算能力。

（2）虚拟化

云计算支持用户在任意位置、使用各种终端获取应用服务。所请求的资源来自"云"，而不是固定的有形实体。应用在"云"中某处运行，但实际上用户无须了解，也不用担心应用运行的具体位置。只需要一台笔记本电脑或一部手机，我们就可以通过网络服务来实现需要的一切，甚至包括超级计算这样的任务。

（3）高可靠性

"云"使用了数据多副本容错、计算节点同构可互换等措施来保障服务的高可靠性，使用云计算比使用本地计算机可靠。

（4）通用性

"云"不针对特定的应用，"云"可以支撑构造出千变万化的应用，同一个"云"可以同时支撑不同的应用运行。

（5）高可扩展性

"云"的规模可以动态伸缩，满足应用和用户规模增长的需要。

（6）按需服务

"云"是一个庞大的资源池，用户可按需购买；"云"可以像自来水、电、煤气那样计费。

（7）极其廉价

由于"云"的特殊容错措施，"云"可以由极其廉价的节点来构成。"云"的自动化集中式管理使大量企业无须负担日益高昂的数据中心管理成本，"云"的通用性使资源的利用率较传统系统大幅提升，因此用户可以充分享受"云"的低成本优势。

3. 云计算服务的类型

企业可以从数量不断增加的基于"云"的 IT 服务中进行选择和使用资源，并在不同类型的环境中部署它们。图 7-2 所示是三类最常见的"IT 即服务云产品"。

（1）基础设施即服务（Infrastructure as a Service，IaaS）

IaaS 是指把 IT 基础设施作为一种服务通过网络对外提供，并根据用户对资源的实际使用量或占用量进行计费的一种服务模式。在这种服务模式中，普通用户不用自己构建一个数据中心等硬件设施，而是通过租用的方式，利用互联网从 IaaS 服务提供商处获得计算机基础设施服务，包括服务器、存储和网络等。

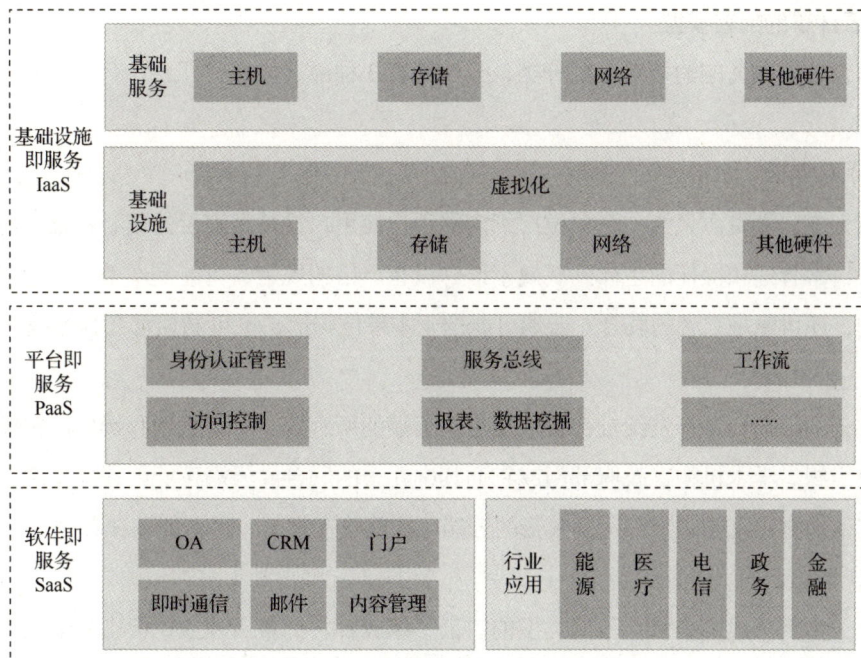

图 7-2　云计算服务类型及部署模型

（2）平台即服务（Platform as a Service，PaaS）

所谓 PaaS 实际上是指将软件研发的平台作为一种服务，以 SaaS 的模式提交给用户。因此，PaaS 也是 SaaS 模式的一种应用。但是，PaaS 的出现可以加快 SaaS 的发展，尤其是加快 SaaS 应用的开发速度。

（3）软件即服务（Software as a Service，SaaS）

SaaS 平台供应商将应用软件统一部署在自己的服务器上，用户可以根据工作实际需求，通过互联网向厂商定购所需的应用软件服务，按定购的服务多少和时间长短向厂商支付费用，并通过互联网获得 SaaS 平台供应商提供的服务。

拓展阅读

想在办公室或公司的网站上运行一些企业应用，传统的方式是去购买或租用一些服务器、存储设备，在上面部署操作系统，最后再在其上布置应用，这种方式就好像吃烧烤时，需要准备烤炉、木炭、酱料，串好食材，动手烧烤，但却费时费力。实际上，我们吃烧烤一般可以通过以下 3 个途径：第一种方法是串好食材去野营地租用烧烤炉自己烤，这就像 IaaS，直接使用商家提供的基础设施；第二种方法是到自助烧烤店里，商家为你准备好烤炉和烤串，只需要你自己动手烤，这就好比 PaaS，利用商家的平台；第三种方法是坐在烧烤店里照着菜单点菜，这就好比 SaaS，直接使用云服务商提供的全套服务。

4. 云计算的部署模型

根据云计算服务的消费者来源分类，云计算有 3 种部署模型，即：私有云、公共云和混合云。

（1）私有云

私有云的云端资源只给一个单位组织内的用户使用，这是私有云的核心特征。而云端的所有权、日常管理和操作的主体到底属于谁并没有严格的规定，可能是本单位，也可能是第三方机构，还可能是二者的联合。云端可能位于本单位内部，也可能托管在其他地方。

（2）公共云

公共云的云端资源开发给社会公众使用。云端的所有权、日常管理和操作的主体可以是一个商业组织、学术机构、政府部门或它们其中几个的联合。云端可能部署在本地，也可能部署于其他地方，比如常州市民公共云的云端可能就建在常州，也可能建在苏州。

（3）混合云

混合云由两个或两个以上不同类型的"云"组成，它们各自独立，但由标准的或专有的技术组合起来，而这些技术能实现云之间的数据和应用程序的平滑流转。私有云和公共云构成的混合云是目前最流行的，当私有云资源短暂需求过大（称为云爆发，Cloud Bursting）时，私有云就自动租赁公共云资源来平抑私有云资源需求的峰值。例如，网店在节假日期间点击量巨大，这时就会临时使用公共云资源应急。

二、云计算的商业应用

近年来，我国政府高度重视云计算产业的发展，其产业规模增长迅速，应用领域也在不断扩展，从政府应用到民生应用，从金融、交通、医疗、教育领域到人员和创新制造等全行业延伸拓展。

云计算的应用

以云计算在新零售场景的应用为例。由于企业与用户间信息不对称造成用户使用平台服务过程中的种种不便与限制，例如缺乏及时、深入了解产品特征及价格变动的精准方式，缺乏对线下服务资源的及时了解，缺乏对个人账户信息的实时全面掌握。要做到全面满足用户的需求和要求，云计算是最好的解决方法。

云计算聚合与分享、多方协同的特点，能够整合产业链各方参与者所拥有的面向最终用户的各种资源，包括产品、线下服务、账户信息等，为用户提供全面、精准、实时的信息与相应的服务，解决平台与用户、线上线下信息不对称的困境。

（1）依托数据的销售

云计算可提供一站式产品营销，客户通过交互界面，在 PC 端、移动端等渠道购买产品，

查询信息。用户还可以利用社交功能，建立圈子，加强与同类用户之间的交流。企业对售卖信息和社交数据收集、处理，并对销售、库存、采购进行调整。还可利用数据，分析需求，设计专门的产品，定向销售。

（2）线下资源共享

云端可以实现各类线下网点资源的共享。用户可根据个人需求，通过 PC、手机等联网设备实时查询最近的网点地址、在店人数、在售产品数量、在售产品价格等信息。还可以实时预订产品和预约到店时间，定制个性化专属服务。

（3）供应链信息整合

供应链核心企业与上下游企业之间，通过云计算实现采购、销售、物流等环节的协同，实现交易链条的实时信息传输与共享，端到端数据汇聚和处理。根据云端提供的信息和数据，从采购到付款各环节的进度、状态一目了然。

✏️ **课堂讨论**

新商业模式的演进，得益于云计算这种创新的信息技术。云计算以一种更便捷、灵活的方式将计算资源聚合，并按需分享，实现更高效、紧密的多方协同。基于云计算的云服务模式，通过资源的整合、共享和重新分配，实现用户对资源的按需索取，这其中的资源包括业务处理资源、信息资源、实物资源等。

请思考，你还知道哪些云计算的商业应用场景？

课堂自测

一、选择题

1. 云计算的一大特征是（　　），没有高效的网络，云计算就什么都不是，就不能提供很好的使用体验。

　　A. 按需自助服务　　　　　　　　　　B. 无处不在的网络接入

　　C. 资源池化　　　　　　　　　　　　D. 快速弹性伸缩

2. 以下（　　）不是云计算的主要服务类型。

　　A. SaaS　　　　　　B. PaaS　　　　　　C. IaaS　　　　　　D. CaaS

3. SaaS（　　）。

　　A. 注重计算资源的共享，用户通过互联网可以获得虚拟的服务器、存储和网络

　　B. 侧重于服务，以应用服务器平台或开发环境提供服务

　　C. 侧重于服务，以软件程序提供服务，如 CRM、ERP、OA 等

　　D. 以上选项都不对

4. 以下（　　）不是云计算的特征。

    A. 普遍接入　　　　B. 虚拟管理　　　　C. 服务不可扩展　　D. 按需分配

5. 以下（　　）不属于云计算部署模型。

    A. 公共云　　　　　B. 混合云　　　　　C. 私有云　　　　　D. 家庭云

二、判断题

1. 云计算服务，类似于水、电等基础设施行业，可以提供计算能力，也能够充分利用闲置的资源，通过共享方式进行服务。（　　）

2. 云计算的分布式特点能够为用户提供全面、精准、实时的信息与相应的服务，解决平台与用户、线上线下信息不对称的困境。（　　）

3. 基础设施即服务（IaaS）注重计算资源的共享，用户通过租用来使用基础设施服务，包括服务器、存储和网络等。（　　）

4. 只要是对原有的、传统的商业模式、商业行为、商业态度等调整、革新甚至改变都可以被认为是新商业思维。（　　）

5. 云计算可以把普通的服务器或计算机端连接起来以获得超级计算机的计算和存储等功能，但是成本更低。（　　）

7.3　物联网

导入案例

蠡湖放鱼 30 万尾治蓝藻

如果你在无锡蠡湖边偶然看到鲢鳙鱼的背脊上有类似小天线的黄色标签时，请不要惊奇，这是物联网技术"联姻"净水渔业的尝试。无锡市农业委员会今年在蠡湖放流了 30 万尾小鱼，和往年不同，今年有 3500 条生长约 1 年的鲢鳙鱼体内被植入高科技芯片，成为探知放流效果的有效载体。

芯片用来记录鱼的放流时间、放流地点、放流时鱼身体的状况等初始信息。研究人员用计算机扫描芯片，就可以找到初始数据，以此研究蠡湖鱼类的生存状态、环境变化对鱼的影响等，还可以通过鱼类身体重量的变化算出鱼吃掉的蓝藻量，精细测量出蠡湖生态环境的变化。

案例思考：

想一想，技术人员是通过什么信息技术追踪鱼的生存状态的？

🌀 **相关知识**

一、物联网概述

物联网是一个非常先进的、综合的和复杂的系统，其最终目标是为单个产品建立全球的、开放的标识标准，并实现基于全球网络连接的信息共享。

1. 物联网的概念

物联网（the Internet Of Things，IOT）是通过各种信息传感设备，按约定的协议，把任何物品与互联网连接起来，进行信息交换和通信，以实现智能化识别、定位、跟踪、监控和管理的一种网络。

物联网就是"物物相连的互联网"，这里面有两层意思：第一，物联网的核心和基础仍然是互联网，物联网是在互联网基础上延伸和扩展的网络；第二，物联网的用户端延伸和扩展到了任何物品与物品之间，进行信息交换和通信。

这里的"物"要满足以下条件才能被纳入"物联网"，才能具有"感知的神经"和"智慧的大脑"：（1）要有相应信息的接收器；（2）要有数据传输通路；（3）要有一定的存储功能；（4）要有 CPU（中央处理器）；（5）要有操作系统；（6）要有专门的应用程序；（7）要有数据发送器；（8）遵循物联网的通信协议；（9）在世界网络中有可被识别的唯一编号。

2. 物联网的特征

物联网是"万物沟通"的，具有全面感知、可靠传送、智能处理的特征，实现了任何时间、任何地点及任何物体的联结。

（1）全面感知：物联网连接的是物，需要感知物，赋予物智能，从而实现对物的感知，用户利用 RFID、传感器、二维码等随时随地采集物的动态信息。

（2）可靠传输：物联网通过前端感知层收集各类信息，还需要通过可靠的传输网络将感知的各种信息进行实时传输。物联网的信息传输可靠，全面及时而不失真；信息可双向传递；信息传输安全，具有防干扰及防病毒能力，防攻击能力强，具有高可靠的防火墙功能。

（3）智能处理：物联网通过各种传感设备可以实现信息的远程获取，对物流信息实行实时监控，通过对流通中的物体内置芯片，系统能够随时监控物体的运行状态，且在智能处理的全过程中，都可以实现各环节的信息共享。物联网利用云计算、模糊识别等各种智能计算技术，对海量数据和信息进行分析和处理，对物体进行实时智能化控制。

物联网是继计算机、互联网和移动通信之后的又一次信息产业革命。它将有力带动传统产业的转型升级，引领战略性新兴产业的发展，实现经济结构的升级和调整，提高资源利用率和生产力水平，改善人与自然界的关系，引发社会生产和经济发展方式的深刻变革，具有巨大的增长潜能，是当前社会发展、经济增长和科技创新的战略制高点。

3. 物联网的总体架构

目前，在业界物联网体系架构大致被公认为有以下 3 个层次，如图 7-3 所示。

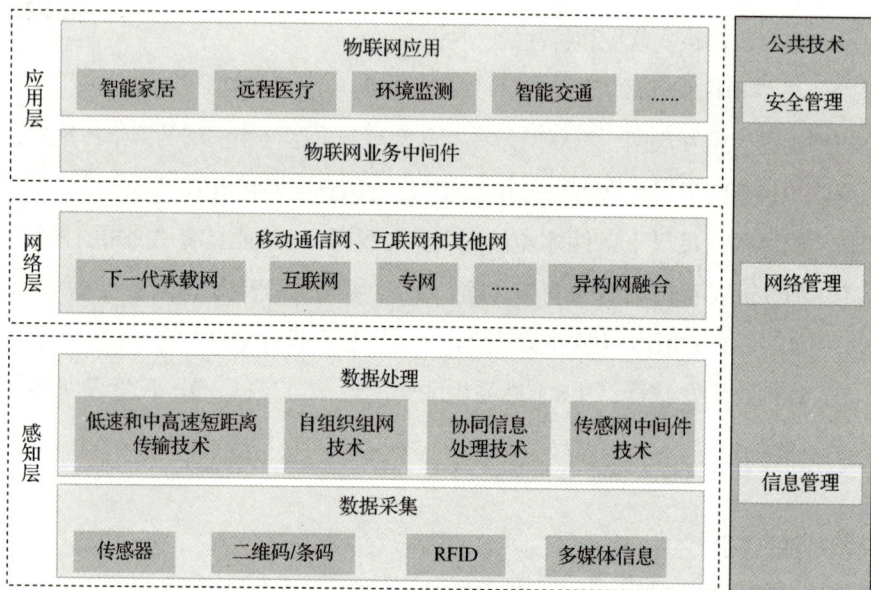

图 7-3　物联网总体架构

（1）感知层。物联网底层是用来感知数据的感知层，主要完成数据采集、通信和协同信息的处理，涉及传感器、RFID、多媒体信息采集、二维码和实时定位等技术，其中 RFID 是核心技术。计算机类似于人的大脑，而仅有大脑没有感知外界信息的"五官"显然是不行的，计算机也需要它们的"五官"——传感器。RFID 是一种能够让物品"开口说话"的技术，也是物联网感知层的一个关键技术。

（2）网络层。物联网的第二层是数据传输的网络层，要实现更加广阔的物联网功能，需要传感器网络与移动通信技术、互联网技术相融合。网络层主要承担着数据传输的功能。物联网要求网络层能够把感知层感知到的数据无障碍、高可靠性、高安全性地进行传送，它解决的是感知层所获得的数据在一定范围内，尤其是远距离的传输问题。

（3）应用层。物联网的最上层则是内容应用层，据底层采集的数据，形成与业务需求相适应、实时更新的动态数据资源库，为各类业务提供统一的信息资源支撑，从而最终实现物联网在各个行业领域的应用。

二、物联网的商业应用

物联网把新一代的 IT 技术充分运用在各行各业中，人们可以以更加精细和动态的方式管理生产和生活，达到"智慧"状态，提高资源利用率和生产力水平，改善人与自然的关系。目前，物联网已被正式列为国家重点发展的战略性新兴产业之一。物联网产业具有产业链长、涉及多个产业群的特点，在很多实际应用场景里面，已经实现了局部的物联网，如智慧城市、智慧农业、智慧交通、智慧能源、智慧医疗、智慧家居、智慧零售、智慧安防、智能制造等场景。

物联网的应用

以智慧交通为例。交通被认为是物联网所有应用场景中最有前景的一个。智慧交通利用先进的信息技术、数据传输技术以及计算机处理技术等，通过交通运输管理体系的集成，使人、车和路能够紧密配合，从而改善交通运输环境、保障交通安全以及提高资源利用率。

智能公交车：结合公交车的运行特点，建设公交智能调度系统，对线路、车辆进行规划调度，实现智能排班。车联网：利用先进的传感器及控制技术等实现自动驾驶或智能驾驶，实时监控车辆运行状态，降低交通事故发生率。智能红绿灯：依据车流量、行人及天气等情况，动态调控灯信号来控制车流，提高道路承载力。汽车电子标识：采用 RFID 技术，实现对车辆身份的精准识别、车辆信息的动态采集等功能。共享单车：运用带有 GPS 或 NB-IoT 模块的智能锁，通过 App 相连，实现精准定位、实时掌控车辆状态等。高速无感收费：通过摄像头识别车牌信息，根据路径信息进行收费，提高通行效率、缩短车辆等候时间等。

除此以外，还有可以通过安装地磁感应，连接进入停车场的智能手机，实现停车自动导航、在线查询车位等功能的智慧停车；通过物联网设备，实现充电桩定位、充放电控制、状态监测及统一管理等功能的智能充电桩等。

✎ **课堂讨论**

物联网运用大数据和 AI、深度学习等技术，通过管理平台建立物物相联的网，帮助企业用户创建新型业务模式，提高运营效率。

请思考，你还知道哪些物联网商业应用的场景？

课堂自测

一、选择题

1. 目前无线传感器网络没有广泛应用的领域有（　　）。

    A. 人员定位   B. 智能交通   C. 智能家居   D. 书法绘画

2. 物联网就是"物物相连的互联网"，物联网的核心和基础仍然是（　　），是在（　　）基础上延伸和扩展的网络。

    A. 云计算   B. 物联网   C. 互联网   D. 大数据

3. （　　）中存储着规范而具有互用性的信息，无线通信网把这些信息自动采集到中央信息系统，实现物品（商品）的识别。

    A. RFID 标签   B. GPS 标签   C. GIS 标签   D. ERP 标签

4. 以下不属于物联网特点的是（　　）。

    A. 地理分布   B. 智能处理   C. 可靠传输   D. 全面感知

5. 物联网（　　）是实现物联网全面感知的基础。

    A. 感知层   B. 网络层   C. 应用层   D. 数据层

二、判断题

1. 物联网应用层是以 RFID、传感器、二维码等为主，利用传感器收集设备信息，利用 RFID 技术在一定范围内实现发射和识别。（　　）

2. 云计算不是物联网的一部分。（　　）

3. 第三次信息技术革命指的是物联网。（　　）

4. 物联网感知层用来感知数据，完成数据采集、通信和协同信息处理。（　　）

5. 物联网应用层根据底层采集的数据，形成与业务需求相适应、实时更新的动态数据资源库，从而最终实现物联网在各个行业领域的应用。（　　）

7.4　大数据

导入案例

大数据提高客户购买体验

零售行业可以通过客户购买记录，了解客户关联产品购买喜好，将相关的产品放到一起来增加产品销售额。零售行业还可以记录客户购买习惯，将一些日常需要的生活必需品，在客户即将用完之前，通过精准广告的方式提醒客户购买。

电商行业的巨头天猫和京东，已经通过客户的购买习惯，将客户日常需要的商品（如尿不湿、卫生纸、衣服等）依据客户购买习惯事先进行准备。客户一下单，商品就会在24 小时内送到客户门口，提高了客户体验，让客户连后悔的时间都没有。利用大数据技术，零售行业将至少提高 30% 左右的销售额。

案例思考：

想一想，电商平台是如何获悉客户的购买习惯的？

相关知识

一、大数据概述

在数据技术时代，大数据所到之处，即会触发全产业链的创新、跨界、变革。无论是企业还是个人，不仅需要在剧变中信念笃定，更需要可掌控、科学的依据——大数据来打开未来的通道！

1. 大数据的概念

大数据（Big Data），是指无法在一定时间范围内用常规软件工具进行捕捉、管理和处理的数据集合，是需要新处理模式进行处理后才能具有更强的决策力、洞察力和流程优化能力的海量、高增长率和多样化的信息资产。

大数据的概念

价值引导

当前，我国正处在建设新一代信息基础设施、发展现代信息技术产业体系、健全信息安全保障体系、推进信息网络技术广泛运用的关键时期，大数据分析对我们深刻领会世情和国情，把握规律，实现科学发展，做出科学决策具有重要意义，我们必须正确认识数据的重要价值。

2. 大数据的特征

大数据特征可概括为 4 个 V：规模性（Volume），随着信息技术的高速发展，数据开始呈爆发性增长；多样性（Variety），数据来源多、数据类型多和数据之间关联性强；价值性（Value），合理运用、挖掘大数据，对未来趋势与模式进行预测分析，以低成本创造高价值；高速性（Velocity），这是大数据区别于传统数据挖掘最显著的特征，一方面，大数据的数据规模更大，另一方面，大数据对处理数据的响应速度有更严格的要求。

3. 大数据的数据结构

大数据的数据结构有以下 3 种。

（1）结构化数据：简单来说就是数据库，严格地遵循数据格式与长度规范，主要通过关系型数据库进行存储和管理。

（2）半结构化数据：和普通纯文本相比具有一定的结构性，但和具有严格理论模型的关系型数据库的数据相比更灵活。

（3）非结构化数据：是与结构化数据相对的，不适于由数据库二维表来表现的数据，包括所有格式的办公文档、XML、HTML、各类报表、图片和音频、视频信息等。据 IDC 的一项调查报告：企业中 80% 的数据都是非结构化数据，这些数据每年都增长 60%。

📖 拓展阅读

大数据带来的机遇

（1）大数据蓝海成为企业竞争的新焦点。大数据所能带来的巨大商业价值，被认为将引领一场足以与 20 世纪计算机革命匹敌的巨大变革。大数据正在对每个领域都产生影响，包括商业、经济等领域。大数据正在促生新的蓝海，催生新的经济增长点，正在成为企业竞争的新焦点。

（2）大数据时代呼唤创新型人才。数字中国建设、产业转型升级、企业上云用云，这些都对大数据人才产生了巨大的需求，且需求呈快速增长趋势，而人才培养的数量和速度难以满足现实需求，导致大数据人才缺口持续增大，预计到 2025 年全国大数据核心人才缺口将达 230 万人。

✏️ 课堂讨论

大数据带来机遇的同时，也面临着挑战，试分析大数据面临着哪些挑战。

二、大数据的商业应用

近年来，"大数据"概念的提出为中国数据分析行业的发展提供了无限的空间，越来越多的人认识到了数据的价值。大数据可以解决传统数据库管理工具面临的很多问题，如获取、存储、检索、共享、分析和可视化，处理的数据量达到 PB、EB 和 ZB 的级别。大数据的应用已经涉及生活和生产各行各业，如零售、物流、金融、保险、房地产、电子政务、工业制造、

大数据的应用

智慧医疗、生活娱乐和舆情分析等。

下面以工业大数据的应用场景为例分析应用。迈入工业 4.0 时代，制造业的主要特征转向智能和互联，企业的运营越来越依赖信息技术。如果制造业企业能够在工业环境中建立起大数据平台，收集整个价值链、制造业产品的整个生命周期涉及的诸多数据，并分析处理数据，将会有效实现按需生产，提高经营效率。

（1）生产计划与排程

制造业面对多品种小批量的生产模式，数据的精细化、自动、及时、方便的采集及数据的多变性导致数据量剧烈增大，再加上十几年的信息化的历史数据，对于需要快速响应的 APS（高级计划与排程）来说，是一个巨大的挑战。

大数据可以给予企业经营者更详细的数据信息，发现历史预测与实际的偏差，考虑产能约束、人员技能约束、物料可用约束、工装模具约束，通过智能的优化算法，制定预计划排程，并监控计划与现场实际的偏差，动态地调整计划排程。

大数据帮助企业经营者规避"画像"的缺陷，直接将群体特征强加给个体（工作中心数据直接改变为具体一个设备、人员、模具等的数据）。通过数据的关联分析并监控它，经营者就能计划未来。

（2）工业供应链的分析和优化

当前，大数据分析已经是很多电商企业提升供应链竞争力的重要手段。例如，海尔公司供应链体系很完善，它以市场链为纽带，以订单信息流为中心，带动物流和资金流的运动，整合全球供应链资源和全球客户资源。在海尔供应链的各个环节，客户数据、企业内部数据、供应商数据被汇总到供应链体系中，通过供应链上的大数据采集和分析，海尔公司能持续进行供应链改进和优化，保证了海尔对客户的敏捷响应。

✏️ 课堂讨论

在国家的"十四五"规划中，新基建、企业数字化转型、数字经济写入了新的国家战略。大数据服务领域也因此迎来了新的发展契机，仅以数字中台这一细分领域为例，艾瑞数据显示，在 2019—2022 年，这一领域的市场规模保持 72.1% 的复合年均增长率，2022 年有望达到 179.4 亿元，未来整个数字中台市场将成长为千亿级别。

请思考，你还知道哪些大数据的行业应用？

📝 课堂自测

一、选择题

1. 大数据最显著的特征是（　　　）。

    A. 数据规模大   B. 数据类型多样

    C. 数据处理速度快   D. 数据价值密度高

2. 当前社会中，最为突出的大数据环境是（   ）。

    A. 物联网   B. 互联网   C. 综合国力   D. 自然资源

3. 下列关于数据交易市场的说法中，错误的是（   ）。

    A. 数据交易市场是大数据产业发展到一定程度的产物

    B. 商业化的数据交易活动催生了多方参与的第三方数据交易市场

    C. 数据交易市场是大数据资源化的必然产物

    D. 数据交易市场通过生产、研发和分析数据，为数据交易提供帮助

4. 支撑大数据业务的基础是（   ）。

    A. 数据科学   B. 数据应用   C. 数据硬件   D. 数据人才

5. 以下选项中，不属于大数据对人才能力的要求的是（   ）。

    A. 业务能力   B. 数学统计能力

    C. IT 技术能力   D. 逻辑思维能力

二、判断题

1. 大数据的数据结构包括结构化、半结构化数据，不包括非结构化数据。（   ）

2. 大数据分析对我们深刻领会世情和国情，把握规律，实现科学发展，做出科学决策具有重要意义，我们必须重新认识大数据的重要价值。（   ）

3. 当前，大数据技术已经很成熟，运行不存在困难。（   ）

4. RFID 等产品电子标识技术、物联网技术以及移动互联网技术能帮助工业企业获得完整的产品供应链的大数据。（   ）

5. 目前，我国大数据人才充足，不缺大数据人才。（   ）

📖 综合项目实训

快递柜在科技赛道上的"最后一公里"

    作为近几年兴起的创新型快递末端配送无人化设施，智能快递柜是基于物联网技术，能够对物体进行识别、存储、监控和管理等功能，与服务器一起构成的智能快递投递系统。服务器端能够将智能快递终端采集到的数据信息进行处理，并实时在数据后台更新，方便使用人员查询快递，调配快递以及维护终端等。

关于智能快递柜的"智能"，从快递员或用户视角来看，快递员将快递送达指定的地点后，将其存入快递终端，智能系统就可以自动为用户发送一条短信，包括取件地址以及验证码等信息，用户能在 24 小时内随时去智能终端取快递，简单快捷地完成取件服务。

从技术视角来看，智能快递柜的智能也体现在"软件"和"硬件"上。智能快递柜是一个基于物联网的，能够对快递进行识别、暂存、监控、管理的设备，可以与服务器一起构成智能快递投递系统。智能快递柜除了运用到物联网技术外，还运用到云计算以及人工智能等相关技术，将采集后的数据传输到云平台，利用云计算、人工智能技术将数据进行分析处理，从而提高运输效率以及节省人力成本。而物联网是传统行业数据获取的重要途径，因此发展物联网产业至关重要。

近年来，快递业务量不断攀升，业务量的不断攀升也给配送网点、快递员带来了"甜蜜的负担"，因此，需要智能快递柜来减轻配送压力。对于用户而言，除非贵重物品、生鲜类食品需要当面签收，一般快递 24 小时供提取可能更符合用户的实时需求。

各大电商巨头竞相打造自提柜业务，打通末端物流体系，在科技赛道上跑完"最后一公里"。京东自提柜业务自 2012 年就开始推广，2013 年，京东自提柜落地。用户在京东上购买商品，可以选择使用京东自提柜收货，且不向任何一方收取费用，保存时长为 3 天。

菜鸟驿站智能柜融 IoT、人脸识别技术为一体，既实现了取件的智能化，也实现了柜子管理的智能化，系统可实现故障自检、远程维护等。

2015 年，苏宁易购自提柜在贵州、济南大力推行，随后便在北京、上海、南京、广州、深圳、武汉等一批大型城市陆续试点推广。2018 年 4 月，苏宁与递易达成战略合作，加速末端共享配送模式的建设，丰富校园、社区等快递服务场景。

分析：

1. 上述案例资料中，体现了哪些现代信息技术？

2. 现代信息技术是如何促进企业发展的？

第8章
新商业思维与商业素养

教学目标

知识目标

了解思维和思维包含的内容

掌握新商业思维包含的内容

了解素养和商业素养包含的内容

能力目标

能区分市场新思维、产品新思维和模式新思维

能准确掌握商业素养的分类以及各个分类中主要的商业素养

能形成简单的商业价值素养

素质目标

树立创新意识、创新精神

具备自我学习、自我提升的能力

思维导图

```
                              ┌─ 思维
                  ┌─ 思维和新商业思维 ─┤─ 商业思维
                  │              └─ 新商业思维
        ┌─ 新商业思维 ─┤
        │         │              ┌─ 互联网思维
        │         │              ├─ 用户思维
        │         └─ 新商业思维模式 ─┤─ 迭代思维
        │                        ├─ 大数据思维
新商业思维与商业素养 ─┤                        └─ 跨界思维
        │
        │                        ┌─ 素养的含义
        │         ┌─ 素养的含义及构成 ─┤
        └─ 商业素养 ─┤              └─ 素养的构成
                  │
                  │              ┌─ 商业素养的含义
                  └─ 商业素养的含义及分类 ─┤
                                 └─ 商业素养的分类
```

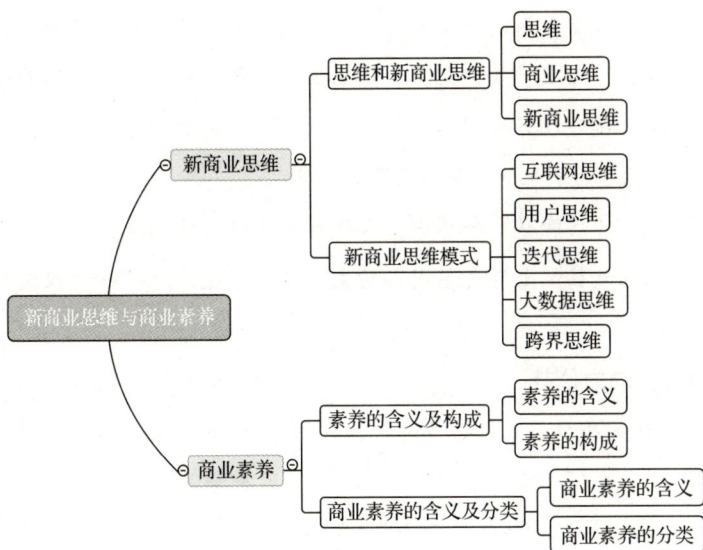

8.1　新商业思维

导入案例

新媒体时代纸媒的跨界思维

说到人民日报，大家能想到什么？作为国内知名的媒体，创刊于 1948 年，拥有 70 多年历史的文化符号，人民日报见证了时代的变迁和一代又一代人的成长。但随着智能手机和网络改变消费者的习惯，纸媒的生存空间受到威胁。从 2012 年起，中国互联网广告收入快速增长，而报纸等传统媒体的广告收入不增反降。广告收入的巨幅削减，让报纸的生存现状愈加艰难。在这样的大环境下，传统纸媒纷纷选择转型。无数国人印象中，严肃与正统的人民日报也主动求变，借助新媒体运用跨界思维，打造传统纸媒的"报款"。

1. 开设微博，转型新媒体

早在 2012 年微博刚兴起时，人民日报就带着官方背景高调进场。微博上的人民日报，就是个普通的人民，有个性有爱好又平易近人，通过生活中的点点滴滴，制造了一波又一波"正能量的洪流"。例如在 2020 年的疫情期间，人民日报官方微博推出了"点亮武汉""热干面加油"等推文，单日点赞量超过 20 万。这些"爆款"推文，不仅引起粉丝共鸣，传递温暖和正能量，还潜移默化地强化了自己的 IP 形象，增强了粉丝黏性。经过近 10 年的运营和沉淀，人民日报官方微博拥有粉丝数高达 1.2 亿!

2. 开设网店，宣传国产

2019年人民日报在淘宝网开设了网店，从其发布的海报中可以看出，人民日报新媒体淘宝网店铺并不是来卖报纸的，而是开设了一个平台，携手国产品牌开店，目前合作的品牌有网易云音乐、大宝、晨光文具、猫王收音机等。除了在淘宝网开设网店，人民日报还在京东开设店铺。在开设网店的同时，人民日报还推出了"你好，明天！""女排精神"等宣传正能量的手机壳、帆布袋等文创产品。

在与国产老字号的"跨界"合作中，人民日报通过文化创意，与年轻人沟通，为国产发声的同时也在很大程度上提升了国人的文化自信，也体现了一个权威媒体身上应有的责任和担当。

3. 入驻抖音，助力公益

人民日报从2018年9月入驻抖音平台，截至2021年4月7日，其抖音号的粉丝数已达1.3亿，总获赞量62.6亿。在2019年，人民日报势头强劲，一举拿下抖音粉丝总榜和2019年"涨粉"榜双榜第一。受2020年初疫情影响，全国多地农产品销路不畅、积压多时，导致农户有货无处销，因此遭遇重大损失。人民日报开设公益活动线上带货，销售产品包括绿壳鸡蛋、油桃、金七早晚牙膏、石斛花饼、农户土鸡等农副产品。与"直播一姐"薇娅合作的"湖北冲鸭"的公益直播，2小时的直播共卖出了51万盒鸭产品，几乎所有产品都是上架后秒光。这些数据的背后，无不暗示着原来在大家心目中严肃、高冷的主流媒体，现在越来越接地气、受大众欢迎了，将正能量、励志和快乐传递给更多人的同时，也让年轻人了解新闻时事，心系祖国。

跨界思维已经成为一种商业思维，相比品牌的单打独斗，跨界思维会带来1+1＞2的效果。人民日报运用跨界思维为传统纸媒赢得了新的发展机遇。

案例思考：

在新的环境下，消费者的需求在不断地更迭和变化，传统的商业模式也需要跟进时代的变化不断调整与发展。结合以上案例，请你思考人民日报在哪些方面对传统经营模式进行了变革。

相关知识

一、思维和新商业思维

新商业是新时期、新技术、新环境下突破传统商业的重要革新，这种革新不仅体现在商业模式、商业行为、商业态度上，更重要的是体现在思维模式中。思维不仅局限于个人的思维，也可指企业的思维。只有思维的革新，才能激发商业的革新，新商业思维才能促进新商业发展。

1. 思维

（1）思维的概念

《辞源》中说："思维就是思索、思考的意思。"思维是具有意识的人脑对客观现实的本质属性、内部规律的自觉的、间接的和概括的反映，它是人们接受信息、存储信息、加工信息及输出信息的活动过程，而且是概括地反映客观现实的过程。

思维和思维要素

通常，思维可以分解为"思维主体"和"思维对象"两个要素。思维的主体就是从事实践活动的人或正在思考的人的头脑；思维对象是指人们思维所指向的目标，也就是思维的客体。思维活动就是思维主体和思维对象共同活动的过程。例如，创意活动就是人脑（思维主体）对不同的事物（思维对象）进行加工、改造、创造的过程。通过分析思维主体和思维对象，我们可以有效地分析人们的思维活动和形式。

（2）思维的特性

思维具有间接性和概括性的特征。

思维的间接性体现在思维并不是通过感觉器官，而是通过其他媒介来认识客观事物。人们通过眼睛看到事物的形状、颜色、大小，通过手触摸事物的质地、外观，通过耳朵听到事物发出的声音，以上都是通过感觉器官直接地认知事物。但对于思维而言，它是借助于其他的媒介加之大脑的思考来认知事物，就像医生通过查看病人的体检报告从而对病人的身体状况以及病情进行诊断一样，是间接地认知事物。

思维是思维主体对思维对象进行加工、改造、创造的过程，因此思维对于同一类事物更多的是反映事物共同的、本质的特点，同时还能反映出事物内部的联系和外在规律，这体现了思维的概括性的特点。

（3）思维的分类

根据不同的标准，思维可以分成不同的种类。根据思维的内容，思维可以分为直观动作思维、具体形象思维、抽象逻辑思维；根据思维的逻辑性，思维可以分为直觉思维、分析思维；根据思维的指向性，思维可以分为聚合思维、发散思维；根据思维的创新性程度，思维可以分为常规思维、创造性思维。

✏️ **课堂讨论**

请思考我们身边有哪些工作、产品、服务或想法体现了聚合思维或发散思维，又有哪些想法、活动体现了创造性思维。

2. 商业思维

商业思维是人们对与商业相关的任何事物自主、有意识的思考过程。它包含了对商业过程、商业模式、商业本质等内容的思考。商业思维是一个整体、完整的思维过程。对商业思维的认知有很多不同版本，普遍被认可的商业思维有以下两种。

（1）系统思维

系统思维就是把认知对象作为系统，从系统和要素、要素和要素、系统和环境的相互联系、相互作用中综合考察认识对象的一种思维方法。系统思维是以系统论为基本思维模式的思维形态。系统思维更多地强调从整体的角度对事物进行思考。小到企业的经营发展，大到国家的经济发展，万事万物皆有联系，不能将事物单独、割裂地进行思考，要从整体的角度进行考虑。在商业活动中，需要分析商业要素、商业环境，更需要利用系统思维分析商业要素之间、商业环境与商业要素之间的相互联系和作用，从整体的角度全面考虑商业活动能带来的利益以及面临的风险和威胁。

🎓 价值引导

2016 年 11 月 19 日，亚太经合组织工商领导人峰会上提出了经济全球化是世界发展的大势，符合经济规律，符合各方利益。在经济全球化背景下，各经济体一荣俱荣、一损俱损，要秉持开放包容、合作共赢精神，不能互相踩脚，甚至互相抵消。如何进一步建设联动型世界经济，凝聚互动合力，成为国际社会面临的共同任务。

（2）本质思维

事物的本质是其区别于其他事物的标志，如果本质发生了变化，那么事物也必然随之改变。本质思维，其实是抽象思维、全面思维、哲学思维，它是指透过事物的外部呈现来发现事物根本的属性和特质。本质思维，就是寻根究底、挖掘事物背后本质的一种思维方式，而抓住事物的本质是解决问题的关键，可以说，本质思维其实就是一种有效解决问题的思维方式。福特汽车公司的创始人亨利·福特说过，在汽车发明之前，如果你问人们需要什么，答案是一匹更快的马。结果大家都知道，福特给人们的不是一匹更快的马，而是一辆汽车。为什么是汽车？福特看懂了人们背后的本质诉求是"更快地到达目的地"，汽车是比马更好的解决方案。

本质思维不仅能帮助高效地解决问题，也能有效应对环境和市场的变化。任何事物都有自己的本质规律，任何时候都不应该丢弃事物的本质，把握本质，就掌握了应对变化和不确定性的能力，就能以不变应万变。一旦知道了消费者的本质需求，企业就可以激发产品和方案创新。福特通过本质思维创造了汽车，解决了消费者"更快地到达目的地"的本质需求，而共享单车、火车、飞机等交通工具的出现可以说是解决了消费者在不同场景中对"更快地到达目的地"的本质需求，也是一种创新。

✎ **课堂讨论**

思考一下，消费者对于冰箱的本质需求是什么？还有哪些替代产品可以满足消费者的本质需求？

3. 新商业思维

新商业思维是对商业活动的思维活动，它是在全新的社会背景下，对原有的、传统的商业模式、商业行为、商业态度等的调整、革新甚至改变。新商业思维是一种创新思维，通过突破常规思维的界限，以不同于常规的方法、视角去思考问题，提出与众不同的解决方案，从而产生新颖的、独到的、有社会意义的思维成果。新商业思维是一种具有开放灵活性的思维模式。

🎓 **价值引导**

2015 年 10 月，中国共产党第十八届中央委员会第五次全体会议上提出"创新、协调、绿色、开放、共享"五大发展理念。在新发展理念中，创新赫然居于首位。此次全会强调坚持创新发展理念，必须把创新摆在国家发展全局的核心位置，让创新贯穿党和国家的一切工作。新商业思维本身就是对传统思维的创新发展，是适应时代发展的新趋势。

✎ **课堂讨论**

新商业思维是在全新的社会背景下产生的变革，技术革新是引发社会背景变革的重要因素之一，请举例说明哪些是技术革新，而这些技术的革新带来了哪些新的商业思维。

二、新商业思维模式

新商业思维是在全新的环境下对原有商业思维模式的冲击和改变，与原有商业思维模式不同，新商业思维更多地体现了全新的环境的特点，这些特点对市场、产品、模式、技术、方法等均产生了影响。具体而言，新商业思维模式包含以下几种。

1. 互联网思维

互联网思维就是在互联网、大数据、云计算、人工智能等科技不断发展的背景下，对市场、用户、商品、企业价值链乃至整个商业生态进行重新审视的思考方式。消费者消费观念的升级带来了消费的升级，消费者正由物质性的消费转向体验性、开放性和自主性的消费。借助于互联网思维和技术，企业能实现消费的体验性、开放性和自主性。例如，3D 技术被广泛应用于大家电、手机等商品中，消费者不仅可以 360° 查看商品外形，甚至可以操作打开冰箱门，获得更加真实的体验感；运用网络技术，企业建立的网上商店已经突破了传统商店营业时间的固定性，实现了 24 小时全天候营业。无论在何时、何地，只要消费者能接入互联网，企业就能为消费者提供服务，实现了消费的开放性；借助于 VR 技术，消费者可以在线创建与自己完全相符的人体模型，在线试穿衣服并查看展示效果，实现选择商品的自主性；通过建立 3D 线上展厅，消费者可以自由选择逛展厅的时间，不受销售人员"干扰"，自主选择商品。

课堂讨论

　　在传统的产品或行业上加上互联网思维就会形成新的产品或行业，比如，"互联网＋销售"是网上销售，"互联网＋国际贸易"是跨境电商。请思考一下，还有哪些"互联网＋"的新模式。

用好互联网思维要抓住几个关键点。

（1）参与感。在传统的经济模式下，消费者更多的是被动地接收。互联网技术给消费者自由表达、表现的平台，消费者能充分地享受或表达，主权意识得到了满足与尊重，消费者享有了参与感。

（2）娱乐性。网络使人际的沟通与交流更加便捷，社交范围的扩大促使思维模式也发生了变化。更多交互式的产品在互联网时代应运而生，消费者在参与的同时，也更注重产品给自己带来的身心愉悦，因此娱乐性也更为凸显。

（3）服务性。什么样的产品消费者会购买？有好的品牌及服务的产品！在互联网时代，优良的产品品质已经成为吸引消费者的必备条件，良好的品牌形象和高品质的服务越来越重要。品牌形象是产品和企业的定位的具象化展示，消费者对品牌的认可也可以理解为对企业价值的认可。企业的服务已经从售后阶段贯穿至整个过程，每个环节都要做到以"用户为中心"，为消费者提供细致入微、优良的服务。

（4）口碑。传统的口碑传递更具有单向性，在互联网时代，在人人皆是自媒体的时代，口碑的传递更是爆炸式的，可以说，互联网上唯口碑者生存。好的产品、服务可以带来好的企业口碑，好的口碑才能使企业长久地生存与发展。

2. 用户思维

用户思维是指在价值链的各个环节中都要"以用户为中心"去考虑问题。对于企业而言，用户即为消费者，消费者为企业带来利润和价值。在互联网时代，商业价值更是建立在用户价值之上。企业须从市场定位、产品研发、生产销售乃至售后服务整个价值链的各个环节，建立起"以用户为中心"的企业文化，不能只是理解用户，而是要深度理解用户，只有深度理解用户才能生存。

对于企业而言，如何才能在价值链中体现用户思维，企业可以通过以下几个步骤实现。

首先，瞄准目标人群。企业需要对人群进行细分并准确定位企业产品和服务的目标消费者。

其次，摸准消费者的消费习惯。在掌握目标消费者的基础上，企业需要对目标消费者开展全面的分析，包括消费者的基本情况（年龄、性别、职业、受教育程度等）、购买的习惯（购买的时间、目的、用途、地点等）以及消费的偏好。

最后，开发相应产品和服务并形成市场。在分析了消费者的消费特征后，企业就要围绕消费者的特点开发相应的产品和服务，使其更好地满足消费者的需求。

精明的商人

拓展阅读

海底捞——"与众不同"的火锅企业

海底捞是一家创立于 2008 年的火锅企业，在成立之初，企业的宣传口号是："好火锅是会说话的"，重点强调的是产品的品质。但其产品品质并不比其他火锅企业更优质，而且人均 100 元的消费水平也远高于其他火锅店，如何能在激烈的竞争中脱颖而出呢？服务，让顾客体验到高品质的服务水平是海底捞与其他火锅企业最大的不同之处。海底捞会在等候区给顾客提供小食，提供美甲服务，给孩子提供儿童区，避免由于等候时间过长带来的顾客流失；通过平板电脑进行点单，快速、方便，海底捞甚至推出了半份菜的服务，避免了不必要的浪费；由于火锅属于重口味食物，因此海底捞在洗手间会提供漱口水、清新剂等用品，帮助用餐后的顾客消除口中和身上浓浓的火锅味。此外海底捞还给顾客提供多种多样的礼物，吸引顾客多次光顾。除了在店铺中能享受这些服务外，海底捞甚至推出了上门服务，将高品质的服务延伸到顾客的家中，使顾客坐在家中就能享受与店铺同等的服务。优质、高品质的服务使海底捞与其他火锅店形成了鲜明的区别，在众多火锅餐饮企业中独树一帜，赢得了市场。

3. 迭代思维

在变化的市场之下，企业的产品也需要通过新的思维不断创新。市场的变化促使了消费者需求的变化，实时关注消费者的需求，把握消费者需求的变化也是市场发展的关键。对于互联网时代而言，消费者需求变化快速，企业很难实现一次性满足消费者的需求。因此，不要追求一次性满足消费者的需求，而是要通过一次次的迭代让产品更加丰满。

> ✏️ **课堂讨论**
>
> 通过观看小米公司的宣传视频，我们可以看到小米公司并没有把自己局限在手机制造中。不断拓展产品的新思维，为企业带来了丰富多样的产品。小米公司现阶段的产品线包罗万象，从手机、电视、笔记本电脑，发展到家电、出行，甚至生活类产品。
>
> 请思考一下，我们身边还有哪些企业也是在不断地通过新思维创新产品。
>
> 小米公司
> 宣传视频

4. 大数据思维

在大数据时代，数据已经成为企业的重要资产，甚至是核心资产。消费者在网络上一般会产生信息、行为、关系3个层面的数据，这些数据的沉淀，有助于企业进行预测和决策。淘宝网从2004年便开始统计日志。每个消费者在淘宝网上的浏览、购买、支付等行为都被日志系统记录下。基于消费者的浏览和购买信息，阿里巴巴公司得到了消费者偏好的精确信息，做出了强大的精确广告系统。现在，无论是从PC端还是移动端浏览淘宝网时，都会有一个"你可能喜欢"的模块，根据消费者以往的搜索、浏览、购买记录，分析消费者可能喜欢的品牌、风格、产品价位，并将符合条件的商品推荐给消费者。

> ✏️ **课堂讨论**
>
> 请你想一想，大数据除了可以了解消费者的购买行为和购买习惯以外，还能用作哪些用途。

5. 跨界思维

跨界思维的本质是高效率整合低效率。以互联网技术为背景的新商业模式本质上是对传统产业要素的重新分配，是生产关系的重构，从而提升运营效率和组织效率。互联网企业运用跨界思维，一方面掌握消费者数据，知道消费者的收入情况、信用状况、社会关系、购买行为数据等；另一方面企业运用互联网思维，懂得自始至终关注消费者需求和消费者体验，也就能更好地提升消费者的忠实度，实现利润的持续增长。

📝 课堂自测

一、选择题

1. 思维所指向的目标是（　　）。

    A. 思维主体　　　　B. 思维对象　　　　C. 思维客体　　　　D. 思维本体

2.（　　）就是从事实践活动的人或正在进行思考的人的头脑。

　　A. 思维主体　　　　　B. 思维对象　　　　　C. 思维客体　　　　　D. 思维目标

3. 新商业思维是在全新的社会背景下，对（　　）等进行调整、革新甚至改变。

　　A. 商业模式　　　　　B. 商业行为　　　　　C. 商业态度　　　　　D. 商业观点

4. 新商业思维包括（　　）。

　　A. 互联网思维　　　　B. 大数据思维　　　　C. 用户思维　　　　　D. 迭代思维

5. 开发市场的具体步骤包括（　　）。

　　A. 前期市场调研　　　　　　　　　　　　B. 瞄准企业目标人群

　　C. 摸准消费者消费习惯　　　　　　　　　D. 开发无形的市场

二、判断题

1. 思维要素包含"思维对象"和"思维客体"。（　　　　）

2. 思维是人接受信息、存储信息、加工信息及输出信息的活动过程。（　　　　）

3. 由于思维主体不同，对于相同的思维对象，思维主体也会产生不同的思维结果。
（　　　　）

4. 新商业思维是一种对商业的认知态度。（　　　　）

5. 只要是对原有的、传统的商业模式、商业行为、商业态度等进行调整、革新甚至
改变，都可以被认为是新商业思维。（　　　　）

8.2　商业素养

👤 导入案例

新零售行业需要什么样的人才？

　　2020 年 5 月 18 日，智联招聘联合银泰百货发布《2020 年新零售产业人才报告》。
报告数据显示，新零售产业快速成长带动人才需求 3 年激增 20 倍，年轻、高学历的优质
人才正成为新零售产业的主力军。

　　智联招聘大数据显示，在 2020 年第一季度，全行业总体招聘职位数同比增速跌
至 -23.74%，而新零售产业招聘需求逆势上涨，招聘职位数同比增速高达 17.85%。

　　在新零售产业中，管理、产品及技术这样的后台工作薪水高且竞争激烈，比如 IOT
产品解决方案专家、供应链产品专家、链路设计专家、用户研究专家、数据仓配专家、
算法专家等。新零售岗位的平均招聘薪酬为 11 488 元 / 月，高于全行业平均薪酬，是全

国平均薪酬水平的 1.3 倍，比传统行业岗位薪资高出 20%～30%。

新零售岗位需求什么呢？以新零售行业中用户研究专家为例，该岗位需要深入洞察和把握用户的心理及行为，以及用户的真实需要，围绕产品进行体验研究，了解用户心智，追踪行业动态，建立产品和行业竞争品的用户监测体系，推动企业产品提升整体用户体验，进而帮助企业更好地经营用户和流量。它需要利用各类定性及定量的用户研究方法，对用户增长及流失等进行专题研究，从而有效掌握用户画像和痛点，促进企业目标达成。对于新零售行业而言，用户研究专家能够帮助企业更好地把握消费者的需求、消费习惯等，从而提升产品或服务的用户体验，增加用户的黏性。

什么样的人才能胜任用户研究专家？大部分的招聘企业要求应聘者具备心理学、社会学、统计学等多种学科的知识背景，同时还需要具有一定的技术运用能力，例如，能熟练运用办公软件、能运用一些统计软件进行数据的统计分析，此外，还对应聘者的沟通能力、逻辑能力、思考能力、学习能力提出了要求。胜任该岗位的人不仅需要具备多种专业知识，还需要有较强的实践能力，更需要有良好的个人素养，可以说是复合型的人才。

新零售行业的其他岗位与用户研究专家相似，与传统岗位更注重专业的背景不同，新零售行业更强调从业者在专业、操作、行为等方面的综合能力和素养，这也将成为未来人才需求的趋势。

案例思考：

通过以上案例，同学们对新零售行业的岗位需求和应聘条件有哪些思考？在新商业时代背景之下，对于自身的专业学习又有哪些启示？

相关知识

一、素养的含义及构成

素养是一个人在从事某项工作或任务时应具备的素质与修养。它包含的内容比较广泛，既有外表形象等先天因素，也有道德品质、知识、能力等后天习得因素。

1. 素养的含义

素养是知识、技能、态度的统称和超越，是一整套可以被观察、教授、习得和测量的行为。素养是由训练和实践而获得的一种道德修养。通常情况下，素养是指一个人在从事某项工作时应具备的素质与修养，是在完成某一情景工作任务时所必需的一系列行为模式。

从广义上讲，素养包括道德品质、外表形象、知识水平与能力等各个方面。在知识经济时代，人的素养的含义大为扩展，它还包括思想政治素养、文化素养、业务素养、身心素养等各个方面。

素养与素质不同，素质除可以通过后天习得以外，还包括先天、非教育的因素。而素养是通过修习获得的，而不是天生的。它是人的一种较为稳定的属性，能对人的各种行为起到长期的、持续的影响，甚至起到决定作用。

综上所述，对素养的理解可以包括以下几个方面。

（1）素养本质上是一种与知识和情境紧密联系的（潜在）综合能力，是知识、技能、经验、态度、价值观的综合体，非天生，需要通过后天习得。

（2）素养一定是在一定情境下呈现出来的，因此素养可能具有一定的领域性或学科性特征。比如，商业研究者在解决商业问题过程中所调动的知识、技能与经验等必然和自然科学研究者所调动的知识、技能与经验不同，当然也可能含有某些共同的成分。

（3）素养的发展可以通过学校的正式教育和非正式教育结合，尊重学习者的个体差异、个人感悟和经验积累。

✎ **课堂讨论**

每个人都有不同的身体特征和条件，请问这是素质还是素养？我们在学校中所学习的相应知识培养的是素质还是素养？

2. 素养的构成

素养是在从事某项工作时应具备的素质与修养，是由训练和实践而获得的一种道德修养。一般来说，素养包含以下几个方面。

（1）专业知识素养

专业知识素养是素养的重要组成部分。例如，医生需要具备相关的医学知识才能对病人的病情进行诊断、治疗，建筑设计师需要具备建筑、供电、排水等方面的专业知识才能设计房屋并确保房屋能满足生活、办公、安全等需要。

（2）实践运用素养

素养是需要通过实践活动才能体现和展示出来的，具备专业知识只是素养的一个部分，将专业的知识融会贯通并付诸实践才是至关重要的，所有的专业知识素养都需要通过实践运用才能得以体现。参与各类型的活动是拓展实践运用能力的有效途径。

随着技术、环境、社会文化等方面的不断发展与变化，已有的知识和技能都有可能被淘汰，因此我们还需要有较强的社会适应能力和文化适应能力，通过不断的学习、自我提升，发展可迁移的素养，适应时代的发展与变化。

（3）社会责任素养

社会由人组成，人类的活动多为社会性的活动，因此需要从业者具备较强的社会责任感，在开展社会交流活动时能遵循社会发展规律并具备强烈的公民意识与社会责任感。

✏️ **课堂讨论**

请大家回顾一下自己已经学过的课程，分析一下哪些课程属于培养专业知识的课程，哪些属于培养实践运用的课程，哪些属于培养社会责任的课程。

二、商业素养的含义及分类

商业素养是素养中的一种，属于专业素养类。对于从事商业活动的人来说，更需要培养自身的商业素养。

1. 商业素养的含义

商业素养简单来说是指从事商业活动中与商业行为相关的系统理论知识与科学方法、行业实用技术、商业活动价值与文化等所构成的商业职业体系。它是从商科学习者或商业从业者的角度来分析出的所需具备的素质与修养。更多时候，商业素养会从商科学习者的角度进行分析与定位，因此，商业素养也可称为"商学素养"。

2. 商业素养的分类

商业素养是一种业务素养，指的是在商业领域、学科等方面的素养。商业素养包含商业理论素养、商业应用技术素养和商业文化价值素养（见图8-1）。

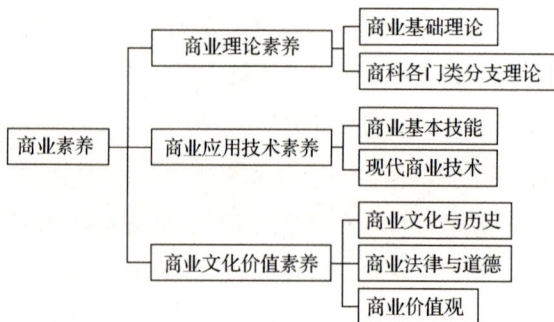

图 8-1　商业素养分类

（1）商业理论素养

商业活动是完整且系统的活动，涉及管理、营销、生产、财务等多个方面，相互联系、相互关联。从事商业活动需要具备系统理论知识和科学的方法。商业理论素养是指对商业理论知识掌握的程度。商业活动中的商业理论素养可以分为两个方面：一是商业基础理论，主要包括经济学基础理论、管理学基础理论等；二是商科门类下各分科的系统理论。

① 商业基础理论

商业基础理论是指基本的商业知识及商业规律，一般不区分具体的专业，属于狭义的商科理论素养的范畴。商业基础理论是以介绍商业基本知识为主的理论，主要是指经济学基础理论、管理学基础理论。

经济学是一门研究人类行为及如何将有限或稀缺资源进行合理配置的社会科学。经济学的核心思想是物质稀缺性和有效利用资源，可分为两大主要分支：微观经济学和宏观经济学。

拓展阅读

微观经济学是研究市场中单个家庭、单个厂商和单个市场等个体的经济行为及相应的经济变量，微观经济学涉及的理论主要有均衡价格理论、消费者行为理论、生产者行为理论（包括生产理论、成本理论和市场均衡理论）、分配理论等。

宏观经济学属于西方经济学范畴，是以国民经济总过程活动为研究对象，研究的是经济资源的利用问题，宏观经济学涉及的理论包括国民收入决定理论、就业理论、通货膨胀理论、经济周期理论、经济增长理论、财政与货币政策。

管理学是一门研究人类社会管理活动中各种现象及规律的学科，是在近代社会化大生产条件下和自然科学与社会科学日益发展的基础上形成的。管理无处不在，小到个人管理，大到国际治理，这当中都存在着管理活动。管理学主要研究在现有的条件下，管理者通过发挥计划、组织、领导、控制等职能，整合组织的各项资源，提高生产力的水平，实现组织既定目标的活动过程。

② 商科门类下各分科的系统理论

随着商业的飞速发展，商科分类越来越细，分离出了会计、金融、国际贸易、电子商务、市场营销、人力资源管理、物流等多个专门的领域，每个专业都有系统的专业知识和理论体系。

（2）商业应用技术素养

商业应用技术素养是指在商业活动中能进行实际商务活动操作的素养与能力，属于商业实践素养。商业应用技术素养可以分为商业基本技能和现代商业技术。

① 商业基本技能

商业基本技能是指商科各专业共同的基础技能，如人际沟通的技能、信息搜集与处理技能和商业文书写作技能。商务活动是人与人之间的活动，良好的人际沟通能力、信息搜集与处理能力和写作能力是开展商务活动的必备条件。

② 现代商业技术

现代商业技术是与具体的岗位和行业相匹配的专业技能。由于现代商业发展越来越快，岗位分工也越发细化，不同岗位所涉及的专业技能也日益繁多且差异较大。以商科常见的流通、组织管理和金融管理为例，3 个行业中所涉及的现代商业技术有着明显的区别。流通技术更注重市场、销售等技术与能力；组织管理更偏重会计、工商管理等内部管理技术与能力；金融管理更多涉及金融、保险、投资分析等主要技术与能力（见图 8-2）。

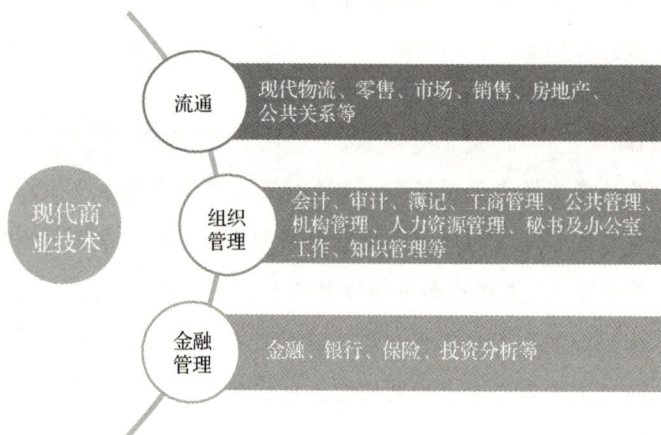

图 8-2 现代商业技术分类

（3）商业文化价值素养

新商业时代的商务人才需要具有基本商业价值观念和道德，了解商业史和商业文化，懂商务礼仪，具有较高的政治素养。商业文化价值素养包含商业文化与习俗、商业历史、商业法律与道德、商业价值观 4 个方面的相关知识及素养。

① 商业文化与习俗

商业文化是指在商业活动领域由参与商业活动的人共同创造、维持、遵循与发展的群体文化。商业活动中的思维方式、活动模式、审美意识等可以体现商业文化。由于商业文化与时代发展有着密切的联系，不同的时代会形成不同的商业文化，不同的地域也形成了不同的商业文化。比如，地处山西的晋商具有重商业、敬业、进取、团结等商业文化，位于华东腹地、长江、淮河中下游的徽商具有诚信、创新、进取、契约意识和合作意识等商业文化。

培养商业文化素养需要在了解以往的商业发展历程的基础上，结合现阶段社会、文化、经济、技术等方面的发展，加之考虑不同地域形成的商业文化的差异性，掌握新商业时代的商业文化与商业习俗。

📚 拓展阅读

商业习俗是在商业活动中由于自然的、社会的原因而形成的各具特色的风俗习惯。不同地区由于政治基础、经济发展和社会文化不同也形成了各具特色的商业习俗。比如，德国人对于个性直接的人很尊敬，但不喜欢在谈生意时开玩笑，因此在与德国人的商业谈判中要认真严谨、直言不讳。

商业伦理研究的是商业主体应该遵守的商业行为原则和规范、应当树立的优良商业精神等商业道德问题。

② 商业历史

商业历史，简而言之，就是商业的演变史，是指一个国家或一个地区商业发展的历程。我国有五千年的历史，商业也经历了近五千年的发展历程。在夏、商、周时期，随着商品交换的发展，商业的萌芽已经初步显现，重农思想开始向重商思想转变；进入两汉时代，"农商并重"的思想出现，强调商业与农业同样重要；两宋时期，随着城市化进程的深入，城市经济得以繁荣，商业和手工业分工更加细密，不仅行业众多，行业内部的职业分工也更加明确；进入近代，甲午战争以后，甚至提出了"以商立国"的观点；现代的商业不仅促进经济的发展、丰富人们的生活，也可以加强国与国之间的交流和沟通。对商科学习者而言，需要熟悉商业发展的历史，了解不同时期的商业形态和文化。

✏️ 课堂讨论

商业历史是指一个国家或一个地区商业发展的历程，你能简单阐述一下你的家乡的商业历史吗？

③ 商业法律与道德

商业法律是与商业活动相关的法律法规。在从事商业活动时，需要遵循所在国家或地区的相关法律法规。与商业活动相关的法律法规有很多，例如，与企业创立相关的法律法规有《公司法》《合伙企业法》《企业登记管理条例》《公司登记管理条例》等，与经营活动相关的法律法规有《民法典》《票据法》《反垄断法》《反不正当竞争法》等。企业在从事商业活动的过程中都需要遵循相关的法律法规。

商业道德与商业价值观

商业道德是指公认的道德规范在具体的商业情景和商业活动中的应用。商业道德是从分析商业的本质、商务活动的行为入手，为人们提供判断商务活动是否符合道德规范的商业道德行为准则。中国古代就有经商要以义取利、价实量足等要求。在社会主义市场经济条件下，商业道德的基本内容是：为人民服务，对人民负责；文明经商，礼貌待客；遵纪守法，货真价实；买卖公平，诚实无欺；等等。

> ✏️ **课堂讨论**
>
> 请同学们思考一下，商业法律法规与商业道德有何不同，商业道德是否具有法律效力。

④ 商业价值观

商业价值是用来衡量某个产品或企业的商业形态或商业模式的价值。商业价值观是个人或企业对商业价值截然不同的理解角度。商业价值观也是商业文化价值的一个重要部分。对于个人来说，商业价值观可以纳入其价值观的体系架构中；而对于企业来说，商业价值观也可以理解为企业价值观。企业价值观是企业有意培育、长期积淀的产物，是所有员工共同持有且支配员工精神的主要价值观。企业价值观是企业生存、发展的内在动力，也是企业行为规范制度的基础。企业的价值观体现为企业文化、企业使命、企业愿景、企业战略等。

> 📚 **拓展阅读**
>
> **以客户为中心，以奋斗为本，坚持艰苦奋斗——华为公司的商业价值观**
>
> 为客户服务是华为存在的唯一理由，客户需求是华为发展的原动力。华为始终坚持以客户为中心，快速响应客户需求，持续为客户创造长期价值进而成就客户。华为作为民营企业，企业的发展没有任何稀缺的资源可以依赖，唯有艰苦奋斗才能赢得客户的尊重与信赖。华为秉持着这样的商业价值观，不断开发新的产品，在5G产品上已领先全球，虽然有些技术还未领先全球，但保持着艰苦奋斗的价值观定能突破任何技术难题，再创中国企业的辉煌。

🎫 课堂自测

一、选择题

1. 以下（　　）属于广义的人的素养。

   A. 思想政治素养　　B. 文化素养　　　C. 业务素养　　　D. 身心素养

2. 以下属于商业素养的是（　　）。

   A. 商业理论素养　　　　　　　　B. 商业应用技术素养

   C. 商业文化价值素养　　　　　　D. 人文道德素养

3. 商业理论素养包含（　　）。

　　A. 经济学基础理论　　　　　　　　B. 管理学基础理论

　　C. 商学基础知识　　　　　　　　　D. 商学门类下各学科的系统理论

4. 以下（　　）属于商业文化与价值。

　　A. 商业史　　　　　B. 商业习俗　　　C. 商业法律　　　D. 商业伦理

5. 以下属于商业法律法规的是（　　）。

　　A.《反垄断法》　　　　　　　　　　B.《反不正当竞争法》

　　C.《公司法》　　　　　　　　　　　D.《民法典》

二、判断题

1. 素养包括思想政治素养、文化素养、业务素养、身心素养等各个方面。（　　）

2. 商业基础知识不属于商业理论素养的范畴。（　　）

3. 经济学知识和管理学知识均属于商科理论素养的范畴。（　　）

4. 商业价值观是商业文化价值素养的一种。（　　）

5. 从某种意义来说，商业行为准则就是一种职业操守。（　　）

📖 综合项目实训

拼多多的助农扶贫之路

在接近饱和的电商零售领域，作为后起之秀的拼多多是发展最快的一个。众所周知，拼多多以"拼单"减价获得巨大成功，对于这个平台的印象，很多人都停留在"便宜"二字。但不得不提的是，在助农扶贫这条路上，拼多多也是一个不能绕开的话题。

创立以来，拼多多的农产品成交额始终保持三位数的高速增长。2019 年，平台的农（副）产品成交额达 1 364 亿元，成为中国最大的农产品上行平台。2020 年农（副）产品成交额突破 2 700 亿元，继续保持翻倍增长的态势。

数字化强势赋能农业，科技精准助力扶贫

拼多多与国家农业信息化工程技术研究中心合作建立建设了一批智慧农业技术应用示范基地，围绕林下三七、小玉米、柑橘、核桃等高原特色产业，大力发展智慧农业，大幅提升地区特色农产品的市场竞争力。首批智慧农业技术应用示范基地配备建立了一个智慧信息服务平台，该平台有两方面的作用：一方面收集相关数据，基于数据进行分析、管理、决策，为老百姓提供咨询；另一方面指导贫困地区农产品销售，塑造农产品的品牌，提高农产品价值，适应市场竞争，满足消费者需求。

该智慧信息服务平台还利用 3D 虚拟技术对农产品进行宣传和虚拟设计，从而让更多的城市消费者了解农产品生态品质，让农产品商业化，这样消费者就能获利，对于扶贫攻坚、解决贫困问题至关重要。

在拼多多的引导下，云南、贵州、广西、海南等省份及省内自治州，诞生了一批种植、生产、加工、销售一体化的现代农业产业示范园区。

电商带动消费扶贫，"新农人"培训效果显著

对于农产品的售卖，销售渠道和品牌建设尤为关键。此前，绝大多数的农产品都是通过售卖给中间商，一级级向上传递到城市。中间环节层层加价，最终消费者购买的价格并不便宜，而农民也没有真正获益。培养出既懂农业又懂电商的"新农人"可以解决这个难题，拼多多在澜沧拉祜族自治县成立澜沧科技扶贫班，提供了课程支持和实践平台。首批学员共 60 名，年龄从 20 至 50 岁不等，他们在半年中从零开始学习电商知识，并在拼多多开设属于自己的网络店铺。随着拼多多的加入，澜沧"新农人"的农产品将有机会上行至全国，完成从生产到销售的农产品上行闭环。

截至 2020 年，拼多多已直接带动超过 10 万名"新农人"返乡创业，直连农业生产者超过 1 200 万，成为最大的人才兴农平台。在此基础上，平台新近启动了新一轮"10万名新农人"培育计划。

拼多多联合创始人范洁真表示，除投入专项扶贫资金外，拼多多还将继续在全国范围内通过各种助农活动，纵深推进消费扶贫，担当起作为国内最大农产品上行平台的社会责任。

分析：

1. 拼多多在哪些方面开展了助农扶农？这些方面体现了哪些新商业思维？

2. 通过案例分析拼多多企业人员、"新农人"分别需要哪些具体的商业素养。

3. 对于学习商科专业的同学来说，这个案例在自身商业素养的提升方面对你有哪些启示？

[1] 王丹. 现代企业管理教程 [M]. 3 版. 北京：清华大学出版社，2018.

[2] 史蒂文森. 运营管理 [M]. 张群，张杰，马风才，译. 北京：机械工业出版社，2019.

[3] 于富生，黎来芳，张敏. 成本会计学 [M]. 北京：中国人民大学出版社，2020.

[4] 谢明. 物流信息技术 [M]. 东营：中国石油大学出版社，2016.

[5] 刘旷. 新零售实战：商业模式＋技术驱动＋应用案例 [M]. 北京：清华大学出版社，2019.

[6] 郭勤贵. 互联网新商业模式：传统商业模式颠覆与重构 [M]. 北京：机械工业出版社，2016.

[7] 郑重. 学会运用互联网新商业思维 [J]. 商业文化，2018，406（25）：65-67.

[8] 魏亚琴. 新时代下新商业融合发展的新特点 [J]. 新商业，2019（9）.

[9] 武国友. 我国对外开放的艰难起步 [J]. 北京交通大学学报（社会科学版），2018，66（04）：12-17.

[10] 顾钰民. 从传统计划经济到中国特色社会主义市场经济 [J]. 高校马克思主义理论研究，2019（03），65-71.